日本人「総奴隷化」計画 1985–2029

アナタの財布を狙う「国家の野望」

森永卓郎

徳間書店

プロローグ

30年に及ぶ「日本人総奴隷化計画」が今まさに完成しようとしている――。私は本書の中で大真面目に書いています。歯に衣着せぬ物言いで、これまでに何度も炎上してきた私ですが、２０２３年11月８日にすい臓ガンのステージ４（後に原発不明ガンと判明）で「余命４カ月」の宣告を受けた時、「残された命が続く限り、自主規制はしない」と決意しました。

以来、私は寝る間も惜しんで、一気に20冊ほどの本を書き上げました。２０２２年末から２０２３年の年初にかけて身を削る思いで書いた『ザイム真理教』は、すでに20万部を超えるヒットとなっていました。

『ザイム真理教』では、東大法学部出身の高級官僚が牛耳る財務省の「緊縮財政」という前時代的な教義にまい進する財務省の横暴ぶりをカルト教団「ザイム真理教」と評して世に問うたものの、大手出版社からの出版はかなわず、タブーをモノともしない三五館シンシャの中野長武社長が手を挙げてくれた「難産のベストセラー」でした。主要な新聞テレビでは一切取り上げられることもなかったことから財務省に対する根深いタブーがあることを改めて認識させられました。

ガンになって真っ先に書いたのが『書いてはいけない』(三五館シンシャ)です。私は財務省のタブーを書いたことで、「もはやこの世での役割を終えた」とも一度は考えましたが、「まだ書いていないタブーがある」と、「財務省のカルト的財政緊縮主義」に加え、「ジャニーズの性被害」「日本航空123便撃墜事件」という3大タブーについて、私が知りうる限りの情報をまとめました。

中でも、私のライフワークである1985年8月12日に発生した日航機123便の墜落事件の真相についても、かなり踏み込んだ内容で物議を醸しました。読者の中には事故当時、日本航空の国際線の客室乗務員で、2017年に著書『日航123便　墜落の新事実』（河出書房新社）を書いた青山透子氏や、遺族の一人である小田周二氏の『永遠に許されざる者』（文芸社）からの引用を示して、「森永は他人の書いたものばかりを参考にした妄想で書いているのではないか」と厳しい内容の手紙もありました。

「プラザ合意」背後に蠢いた日米の「黒い思惑」

私が「書いてはいけない」の中で提示した仮説は、単なる思いつきではありません。青山氏や小田氏の著書も当然、参考にしていますが、これまでに100人以上の日航機123便撃墜事件の関係者などと接触して、話をしてもらった内容を総合して、書いています。憶測などはなるべく排除した上で、123便が自衛隊艦艇ないしは航空機による何らかの誤射で尾翼を吹き飛ばされたと結論づけていますが、自信を持った内容だと自負しています。

ただし、私には1点だけ心残りがありました。それは私がインタビューした関係者がいずれも匿名を条件に123便撃墜事件のことを話してくれた証言の全容を公開できなかったことです。

プロローグ

未曽有の事故となった

なぜ123便の関係者いずれもが一様に口が堅いのか。一瞬で520名もの尊い人命が失われたこともさることながら、自衛隊や日本政府からの厳しい箝口令が敷かれているのでしょう。ここまで徹底した情報統制は、官公庁やメディアに長年、関わってきた中でも例がありません。

日航機123便の撃墜事故については改めて言及しますが、私は大学卒業後の1980年に日本専売公社（現JT）に入社し、日本経済研究センターへの出向。専売公社での営業マンを経て、1984年に経済企画庁に出向しました。これが私の経済アナリストとしての「原点」です。

仕事はハードで午前様は当たり前でした。しかし、それを補ってあまりある「やりがい」に満ちていました。最初のレポートは「二重構造」というテーマでした。高度経済成長期を経て、企業規模による賃金格差のあまりなかった日本で格差が拡大している。しかも企業間のみならず、男女間や年齢間などにおいても「賃金センサス」の数値が拡大傾向にあることを発見しました。まさに、その後の30年間の日本経済を予見するような内容でした。日本経済はまだ、バブル前夜でしたが、アメリカをしのぎ「世界最強」と言われるまでに成長していました。

日本の成長の原動力は自動車産業と家電業界にありました。安価で性能の優れた「メイド・イン・ジャパン」の製品は、外国人にとっても憧れの的でした。

私の父は新聞記者をしていましたが、１９６４年に戦後初めて海外渡航が自由化されます。父はジャーナリスト向けの留学試験に合格し1年間の米国留学を果たします。その後は外信部の記者として、１９７３年から2年間は、オーストリアとスイスで特派員として活動しました。アメリカとヨーロッパの両方に父は私を連れていきました。アメリカ滞在時、父はボストンマラソンの取材で沿道に立っていたのですが、その時父はソニー製の小型のトランジスタラジオを持参していました。あまりに小さいラジオに「これは何というメーカーから出ているんだ」「こんな小さいのにラジオなのか？」と質問攻めにされるほど、仰天されました。

世界の製造業をリードしていたアメリカ国民でさえ、日本企業の革新的な技術力や商品に魅せられていた時代が今でも思い出されます。

忘れもしません。123便の撃墜事件が起こった頃、私は経済企画庁の総合計画局で働いていました。私たちはその国会答弁資料の作成に追われていました。最大の焦点は、政府が打ち出していた「防衛費GNP1%枠」の問題でした。野党の提起した疑惑は「GNP1%枠を超えているのではないか」というものでした。

当時最大野党だった社会党は「憲法違反」と大メディアを味方につけ、国論を二分しました。まだ国民の間でも反戦思想が根強く、自衛隊に対する風当たりは、今とはまったく違っていました。

そんな矢先、自衛隊が民間機を撃墜し、520名もの民間人の命を奪ったとしたらどうでしょう？　ましてや国民の怒りの矛先を自衛隊からアメリカを代表する航空機メーカーのボーイング社の整備ミスへと変えようという密約が「日本とアメリカ」両国の間にあったと発覚したら？

おそらく中曽根内閣は総辞職に追い込まれ、防衛費1%枠問題もただちに撤回しなければならなかったでしょう。さらに言えば、自民党政権そのものを揺るがすようなスキャンダルになっていたはずです。

その後の日本経済の転落は、アメリカ政府に作ってしまった「大きな借り」が招いた代償だと考えれば、すべて納得がいきます。それほどアメリカは日本経済を弱体化させ徹底的に食い物にすることを国家戦略として展開してきました。そして日本政府はそれを30年間にわたって受け入れざるを得なかったのです。

１２３便撃墜事故からわずか41日後の１９８５年９月22日にＧ５首脳が一堂に集まって為替レートの安定化を目指して結ばれた「プラザ合意」こそ、ニッポン人総奴隷化計画のスタートを告げる転換点だったのです。

目次

第1章
高すぎたアメリカへのツケ

第2章

奴隷化計画を推進した小泉純一郎内閣

第3章

日本人を奈落の底に突き落とすザイム真理教

第4章

急所を握られた安倍政権の末路

第5章

奴隷化が加速する日本社会

第6章

新NISAは「地獄の入り口」

第7章 脱奴隷化のための「一人社会実験」

第8章

私の晩年

第9章

「グローバル資本主義」は崩壊する

装丁／渋沢企画
イラスト／藤波俊彦

第1章

高すぎたアメリカへのツケ

黙殺された「幻の証言」

1985年8月12日午後6時12分、大阪の伊丹空港行きの日本航空123便が羽田空港を飛び立ちます。それからわずか44分後の18時56分に群馬県の御巣鷹の尾根に墜落し、乗客乗員524名のうち、520人が亡くなるという日本の航空事故史上最悪の結果を招きました。123便は静岡県の伊豆半島に差し掛かったところで、機体の後方で「ボン」という爆発音が発生。その後、迷走状態に入って、結果的に御巣鷹の尾根に墜落したことになっています。

ところが、全長70・5メートル。全幅59・6メートルもの巨大なジャンボジェット機が発見されたのは、公式には墜落から11時間43分後の翌朝の午前4時39分だったというのです。

事故発覚直後、123便の墜落場所を巡っては、長野県説が有力視され、メディアも殺到したものの空振り。その後も情報が二転三転したものの発見に至らず、地元の消防団が生存者を見つけるまで、なぜこれほどまでの時間がかかったのか。いまだに謎に包まれています。

私は、前述したように事故当時、経済企画庁の総合計画局で、連日答弁資料作成に追われていました。それでもこの事故の衝撃については、私の記憶の中に刻まれたまま、月日が経過しました。

そして、1994年9月25日、テレビ朝日の「ニュースステーション」で「日航機墜落事故　米軍幻の救出劇」という驚愕の特集が放映されます。特集の全容については、『書いてはいけない』に詳しいですが、当時、米軍横田基地で大型輸送機C－130のナビゲーター（航空士）だったマイケル・アントンヌーチ氏の手記を元にした内容で、米軍が、墜落直後の日航機123便を捜索するためにC－130を墜落現場近くに派遣。そこで、巨大な山火事を発見して、現地には連絡を受けて発進した米軍のヘリUH－1も到着。救護活動に向かおうとしたところ、横田基地から帰還命令が出たと証言。司令部からは「日本側が来るのだ、退去しろ」と命じられたというのです。


番組の最後には、日本政府の関係者の匿名証言として、

「政府内で墜落事故被害の解決を巡って主導権を警察か自衛隊（防衛庁）かというので議論が起き、救出が遅れてしまった」

と結論づけていましたが、私は腑に落ちない心持ちのまま、時間だけが経過しました。

100人以上の関係者に聞き取り調査

後にこの「ニューステーション」の特集でも取材に当たっていた軍事評論家の神浦元彰氏（故人）と知己を得て、日航機123便墜落事故の真相究明について20年以上にわたって調べるようになりました。例えば、自衛隊よりも早く事故現場に入った民間人の話。123便が墜落直前に2機の自衛隊ファントム機に追尾されていたのを見た人の話だとか、多くの人から話を聞いています。全部で100人以上は聞いているでしょうか。

そうした内容をなぜ『書いてはいけない』で盛り込めなかったのかと言えば、皆、表に出てきてくれなかったからです。一様に何かに怯えていて口を閉ざすのです。

日航123便の飛行経路

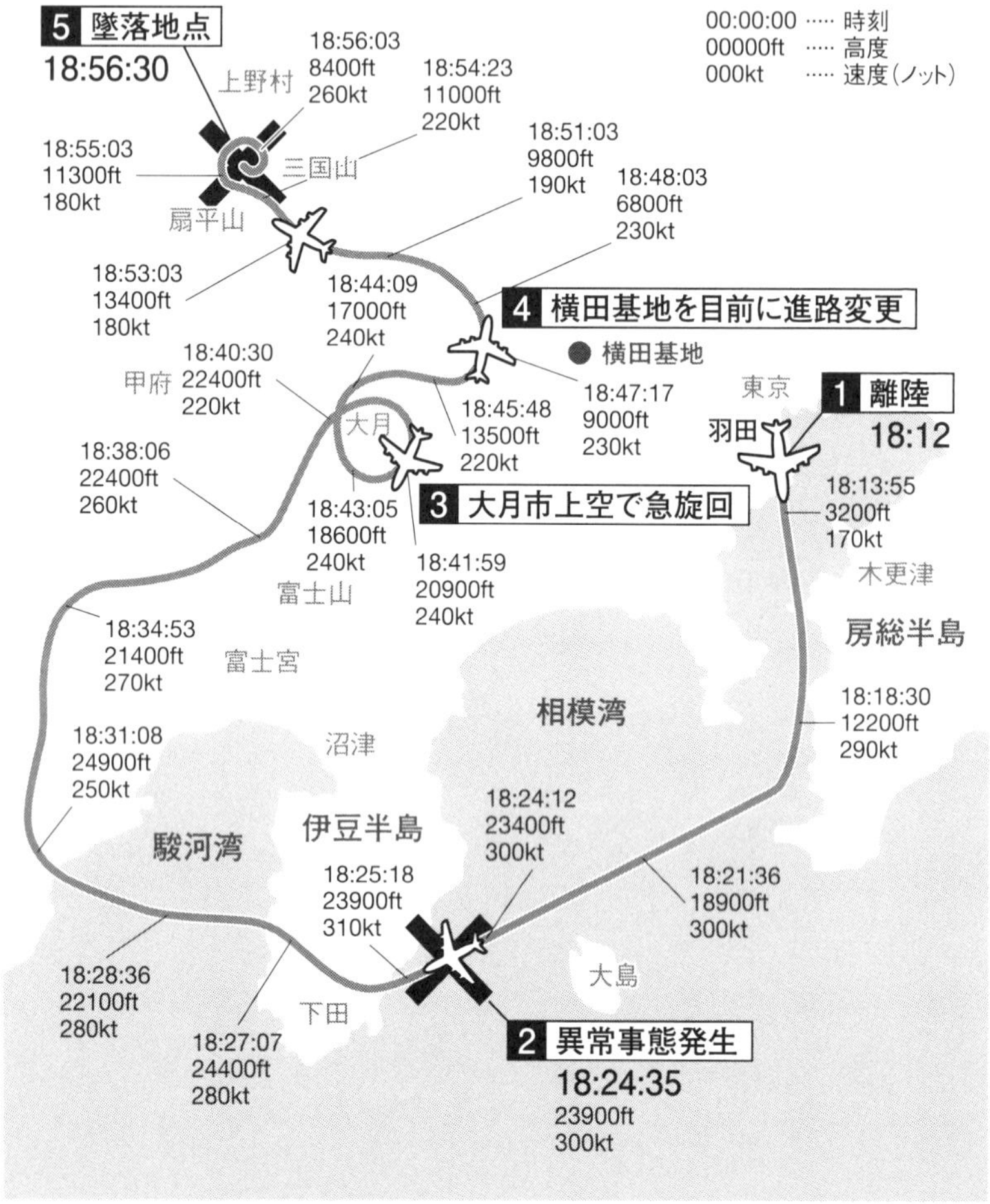

その「見えざる箝口令」を突破したのが、当時、日本航空の客室乗務員として勤務し、同僚の多くを失った青山透子氏が、真相究明に向けて、人生をかけて取材を続けた熱意でした。2017年に出版された『日航123便 墜落の新事実』(河出書房新社)に書かれた内容自体は、私が「おそらくこうしたことなんだろうな」と思っていたことと一致していました。ただ、青山氏の偉大なところは、それをきちんとした証拠と証言に基づいて実証したことでした。

では、どうして123便は墜落しなければならなかったのか。事故当日の123便の航路を見ればわかりますが、山梨県の大月上空で、123便は1回旋回をしています。

事故直後には、123便の後部圧力隔壁が損壊し垂直尾翼が破損。123便はコントロールを失って迷走した可能性が指摘されていた。ところが高度のデータなどと照合すると、123便は高度を低下させながら米軍の横田基地に緊急着陸を目指していたことがわかりますし、横田基地への緊急着陸を米軍が受け入れたことは、その後、世界の大手新聞が報じています。ボイスレコーダーにも「このままでお願いします」と高濱雅己機長の緊迫した声が残っています。

一般的に航空機のコントロールをつかさどる油圧系統の損傷で迷走状態に陥ったかのように報じられた123便ですが、後のフライトシミュレーターを使った実験では、左右のエンジン出力の調整やフラップや車輪の手動操作により、航空機のコントロール制御が可能なことがわかっています。

結果的に123便は横田基地を目指して、高度を調整しようと山梨県大月上空で旋回したものの着陸直前にそのまま横田基地には向かわず、御巣鷹の尾根のある北の方向に進路を変えてしまいます。

進路を変えるにしても、本来なら生存の確率の高い南の海側を選ぶはず。そこをあえて北側の山沿いを選んだのはなぜでしょうか。

「123便は長野県の川上村にあるレタス畑への不時着を目指したのではないか」というのが、小田周二氏の著書『524人の命乞い』（文芸社）での推測です。私もこの意見に賛同します。

ところが、川上村のレタス畑が不時着のリスクが大きいことから御巣鷹方面に向かったところ、2機のファントム機が追尾。123便を制御していた第4エンジンに向かってミサイルを発射して「撃墜」したというのが、小田氏の主張です。

目撃証言として、御巣鷹の尾根を擁する群馬県上野村の子供たちの文集には「日航機を追いかける2機の航空機」のことが記されています。私の目撃者への取材からでも墜落直前に何かしらの戦闘機が、123便を追尾していたとの証言もあります。すなわち、123便墜落の一部始終を日本政府が把握していた可能性は極めて高いのです。

事故調ホームページに掲載された「新事実」

国土交通省の事故調査委員会による日航123便の航空事故調査報告書によれば、123便の墜落の直前、1本のカラマツが123便の第4エンジンに衝突し破壊させたことが原因とされています。しかし、これは物理的に考えてあり得ないことです。カラマツの大きさは高さ20メートルから30メートル程度で重さにして1トンから3トン程度。片やエンジン1基は7トンにもなります。そのエンジンが衝突の衝撃で何百メートルも粉々に飛び散ることが起こり得るのでしょうか？

墜落直前の目撃証言には、「流れ星のようなものが飛んでいくのが見えた」（読売新聞1985年8月13日掲載）というのもありますから、小田氏の主張も極めて合理的であると考えられるのです。

123便の事故原因についても何かと「陰謀論」として一蹴されてしまいがちな「撃墜説」も今一度再考する時期に来ているのではと考えます。

事故調査委員会による公式報告書では、尾翼の破損原因についても航空機後部の圧力隔壁の損傷と断定。その上で、墜落事故からさかのぼること7年前の1978年6月2日に、伊丹空港で尻もち事故で生じた圧力隔壁の修理の際、隔壁上部のリベット打ちが不完全だったことから金属疲労を起こし、事故当日に損壊を起こして、内部からの空気の圧力で爆発を起こし垂直尾翼を破壊したとされています。

これも実におかしい話です。本来、機内の空気が下がって急低圧になると、視界が真っ白になるはずです。ところが生存者の証言では、高度7300メートルの上空で、尾翼が吹き飛んだ衝撃音の後でも機内は薄っすらと白くなった程度だったそうです。

そして何よりも急減圧になったにもかかわらず、機長も副操縦士も航空機関士も、誰も酸素マスクを使わずに管制と交信している。つまり物理的に起こり得ないことが、いくつも公式の事故調査報告書に書いてあるのです。

果たして本当に何が起こったかは、ボイスレコーダーやフライトレコーダーを公開すればすべてわかるはずですが、それも難しい。遺族が公開を求めて裁判を起こしましたが、結局、２０２４年の最高裁判決でも、公開請求は却下されてしまいました。

日航機１２３便は撃墜されたのか

墜落の原因についてもさることながら、垂直尾翼の損傷についても２０１３年２月に運輸省のホームページ上で、突然新しい付録参考資料がアップされ、ひっそりと「新事実」を公開しています。この資料によれば、垂直尾翼が損傷した原因について、「異常外力が加わった」と、尾翼に外部から何かが衝突して損傷したことが、着力点を含めた図解入りで説明されているのです。つまり、これまでの圧力隔壁が吹き飛んだことが原因で油圧系統が破壊されたのではなく、尾翼に対して何らかの「異常外力」が加わったことが原因とみられることが、政府の公式見解となっているのです。

考えられる可能性は2つあります。実は事故当日、海上自衛隊が誘導ミサイルの検証実験をしていて、何かのミスによりミサイルが尾翼に衝突してしまったこと。

第2の可能性としては、自衛隊機による誤射です。自衛隊の訓練では、こいのぼりのような飛行物を無人標的機として遠隔操作。その飛行物を仮想敵とみなして攻撃をする訓練があります。この訓練の最中に、誤って123便が標的とされて誤射されてしまい尾翼が損傷した。どちらが原因かわかりませんが、いずれにしても自衛隊や米軍などの関与がなければ起きなかった「事故」だと断言していいでしょう。

政府による「証拠隠滅」も

１２３便墜落から発見までの「空白の16時間」についても政府による「証拠隠滅」の時間稼ぎと考えれば辻褄が合います。青山透子氏の著作『日航１２３便墜落 遺物は真相を語る』によれば、墜落直後の事故現場では、「ガソリンとタールを混ぜたような異様なにおいがした」との証言もあります。ところが、航空機のジェット燃料には上空で巨大な爆発が起きないようにケロシンという揮発性の低い灯油に近いような成分が使われています。それには、ガソリンの成分であるベンゼン環が入っていません。

しかし青山氏が、事故現場で回収した遺物の成分鑑定をしたところ、ベンゼン環が発見されています。つまり、消防団による8月13日早朝の事故現場の発見よりもかなり早い段階で、自衛隊の「特殊工作部隊」が現地入りし、事故現場一帯を焼き尽くした可能性が高いことがわかったのです。

日航機123便撃墜事件は、事件から40年が経過してもなお新事実が明らかになっています。厳しい状況を真相究明のために熱心に取り組んで、実名証言を引き出した青山透子氏の情熱は、もっと評価されるべきだと思います。

ここからは、これまでのインタビュー取材を踏まえての私の見解になります。なぜ、尾翼を破壊された123便が一度は横田基地を目指して飛行を続けたにもかかわらず、それを断念せざるを得なかったのか。それは、日本政府が、横田基地に緊急着陸するのを許可しなかったからではないでしょうか。

もし123便が横田基地に緊急着陸を果たせば、自衛隊の前代未聞のスキャンダルが白日の下にさらされます。時の中曽根康弘総理はロナルド・レーガン大統領と密約を交わし「すべてはボーイングの整備ミスにしてくれ。あとは日本政府で解決する」と口裏を合わせた。結局、日本政府が選択したのは、乗客520名を含むすべての証拠隠滅を目的に、123便を焼き尽くしたというのが私の見立てです。

不幸中の幸いで、生存した4名の乗客と乗務員は皆、航空機の後部座席に座っていたので、墜落時に機体から投げ出され、沢を転げ落ちて九死に一生を得たのです。そうでなければ、奇跡は起きなかった。それほど123便の事故現場の不自然な焼失ぶりは、単なる航空事故ではなかったことを物語っています。

対米服従の決め手となった「日米構造協議」

日本経済の転落のきっかけとなった「プラザ合意」は、日航機123便の墜落事故から41日後の1985年の9月22日に、ニューヨークのプラザホテルにアメリカとイギリス、西ドイツ、フランスの大蔵大臣と中央銀行総裁が集まり為替レートの安定化をお題目として結ばれます。

これは、世界の先進国が協調介入によって、円安から円高に誘導するという取り決めで、1ドル=約240円だったドル円が、わずか2年余りで120円にまで円高が進みます。これは破竹の勢いだった日本の輸出産業にとっては、大きな痛手になりました。

時の大蔵大臣だった竹下登氏は「1ドル200円ぐらいまでの円高になるかもしれ

円高不況を招いた「プラザ合意」

ない」とタカをくくっていたようですが、円安になれば、日本経済の成長が鈍化することは目に見えていました。結果的に日本の円高不況を招き、輸出産業は大きな打撃を受けます。

そして翌1986年になると9月2日に「日米半導体協定」を締結します。これにより、世界シェアの半分を持っていた「半導体大国」だった日本は、1993年には世界シェアのわずか10％にまで落ち込みます。日米半導体協定は、表面上は日本の半導体市場の開放と、日本のダンピング（不当廉売）防止を謳っていましたが、ここでは「秘密書簡（サイドレター）」も同時に交わされていました。「（日本市場での米国半導体の）シェアを5年以内に20％」になるように日本政府が努力するという内容で、わざわざ当時のGATT（関税及び貿易に関する一般協定）の国際ルールに違反してまでも、アメリカの対日戦略に対し、全面的に服従するようになります。

そしてトドメとなるのが、1989年から1990年まで5度にわたって繰り広げられた「日米構造協議」です。これは閉鎖的な日本市場の構造的な参入障壁を取り除くことを目的としたもので長年、アメリカに次ぐ世界第2位の日本市場に参入したがっていた外資系企業にとっても悲願でした。1980年に大学を卒業した私の実感でも、日本で成功している外資系企業はごくわずかでした。コカ・コーラにIBMぐらいで、外資系企業の存在感はそれほどでもありませんでした。

ところが今はどうでしょう？　金融や保険はハゲタカが跋扈し、ファストフードもスターバックスをはじめとする外資系企業が席巻。半導体産業に至ってはもはや、アメリカの下請けとなっているばかりか、敵対する韓国・台湾企業の受け皿にもなっている始末です。

なぜ、経済成長の原動力である輸出産業を衰退させる方向に、突然、日本政府が舵を切ったかといえば、表面的には、その理由はまったく見当たりません。そこで考え

られるのは唯一、日航機１２３便撃墜事件に尽きるわけです。

国際政治において、日本とアメリカという二大大国の懸案事項が、わずかな数カ月あまりの期間でまとまるというのは、極めて稀です。その点において、「ロンヤス」と盟友関係を結んだ日本の中曽根康弘総理とアメリカのロナルド・レーガン大統領の間で「密約」があったと考えるのが自然です。その点でも、日航１２３便撃墜事故は日米経済のパワーバランスが大きく逆転するきっかけとなった「事件」といえるでしょう。

1980年代バブル発生の「原因」

戦後日本の高度経済成長を支えたのは、大企業同士による株式の持ち合いと不動産担保金融という日本固有の制度でした。「プラザ合意」による円高不況は、1980年に日本列島を覆い、政府日銀は景気刺激策として、当時としてはかなり大胆な金融緩和に踏み切ります。これが1980年代バブルの始まりです。

1991年から、私は大手都市銀行の子会社にいた関係で、日銀による「窓口指導」の実態を間近に見てきました。窓口指導自体は1950年代から日銀が大手の都市銀行や地銀に対して、銀行から市中への貸し出し量を規制する目的で始まりました。ところが日銀が指定する貸し出し枠よりも融資実績が下回った場合、その翌年には日銀の指導により、企業への貸し出し枠が削減されてしまうことから各銀行は、日銀の貸し出し枠を消化しなければならなくなります。いわば、事実上の予算消化のノルマが、日銀から各銀行に提示される慣例が、戦後長きにわたって常態化していました。

一部の書籍では、この「窓口指導」が1980年代半ばに形骸化したとの指摘もありますが、実際には形骸化どころか、日銀は例えば、融資枠を「前年比30%アップ」といった、とてつもない大きな数字を銀行に課していたのです。

これには各銀行も頭を悩ませます。世間は円高不況で借り手がいません。日本の銀行はメインバンク制度を背景に株式の持ち合いなどを進める一方、株式投資や不動産投機はリスクが大きいために「ご法度」として融資を積極的にはしてきませんでした。

ところが、日銀の窓口指導による融資枠は死守しないといけない。そこで、背に腹は代えられないとばかりに、不動産投機や株式投資に対してもイケイケで融資をするようになります。これがバブル発生の最大の原因となりました。

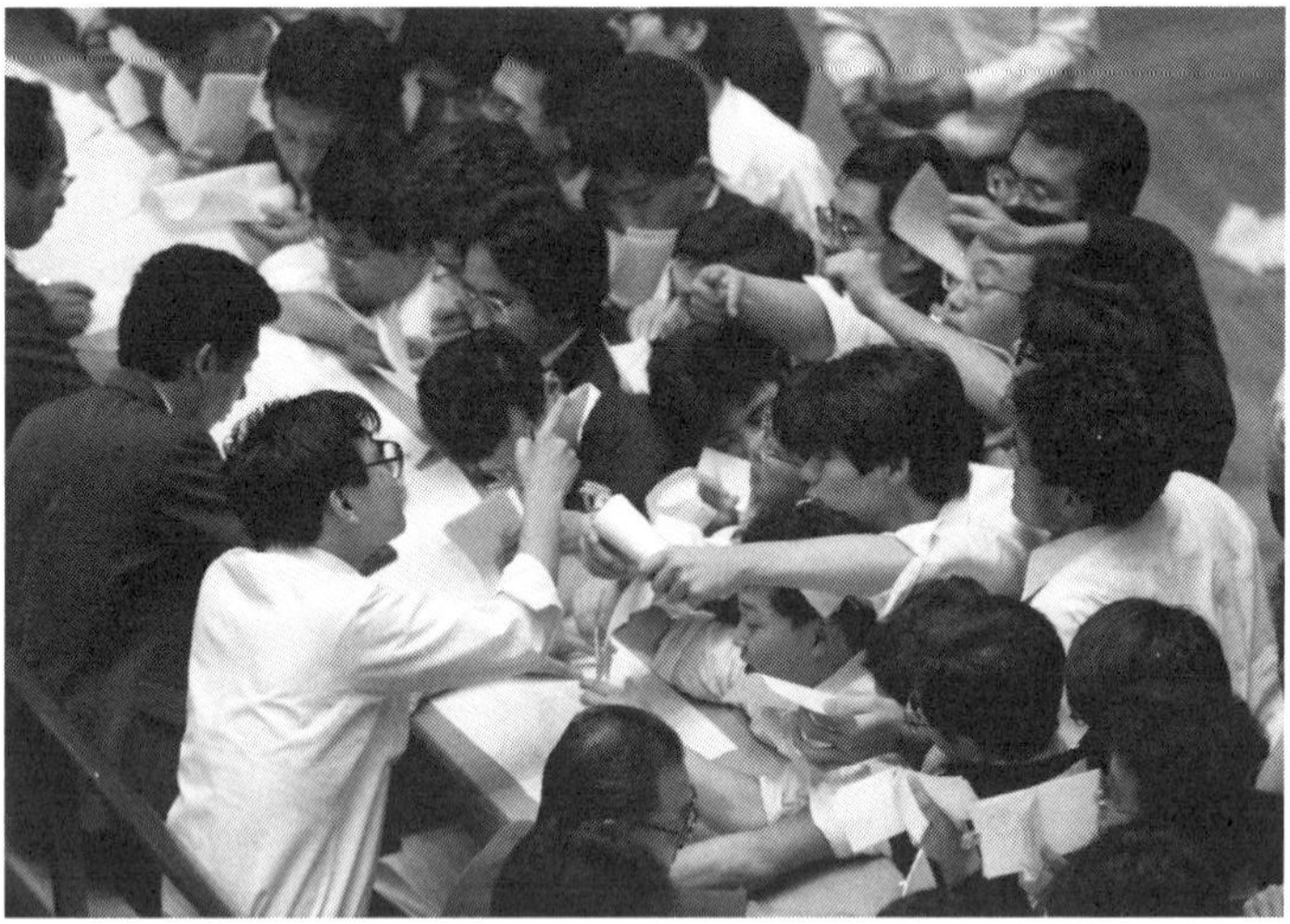

「ブラックマンデー」はバブル期に起こった

ハゲタカ外資が見抜いていた「不動産担保融資」の弱点

しかも銀行の貸し付けを加速させたのが、ほかならぬ日本経済の成長を支えた不動産担保融資でした。銀行は、多額の融資が焦げ付かないように、融資先から所有する不動産の担保を取っていました。担保価値が上がれば、銀行はドンドン融資枠を拡大し、企業は不動産売買や株式投資、ゴルフ会員権の購入などの「財テク」に精を出します。高値が高値を呼んで、たった一代で巨万の富を築いたバブル紳士がたびたびメディアを賑わすようになりました。

一方、国土が広くて不動産の担保価値がほとんどなかったアメリカや外資系企業では、資金調達は日本の大企業のようにはいきません。銀行が預金者に支払う金利と融資で受け取る金利の差を「預貸利ざや」と呼びますが、アメリカに比べ、日本は半分ほどの利ざやで済んだのは、低利での貸し付けを可能にする日本独自の不動産担保融資制度が成立していたからこそでした。この時期、株式の持ち合いや金融制度の違いなどで、ハゲタカ外資が日本市場への本格的な参入を果たすことはできませんでした。

しかし、アメリカはバブルにまい進する日本を横目に、不動産担保融資制度の唯一の致命的な弱点を見抜いていました。それが「不動産バブルの崩壊」でした。不動産担保融資というのは不動産価格が暴落すると、物件の担保価値も大きく下がります。そうなると「担保割れ」を起こして、焦げ付きを恐れる銀行は融資を引き揚げます。つまり、日本列島に投入された莫大な額の投資マネーの巻き戻しが一気に起こったのです。

ダイエー処理を巡る「2つの見解」

象徴的だったのが、日本を代表するスーパーだったダイエーの凋落です。カリスマ経営者だった創業者の中内㓛社長は、自前主義を貫き駅前の店舗候補地を買いあさりました。まず店舗の倍の面積の土地を購入し、周辺の地価が上がった頃を見計らって、使う予定のない半分の土地を売却。その代金を投資に回すといった錬金術で、店舗網を拡大しました。1980年代後半からは多角化も進めました。

対してダイエーとしのぎを削り、現在はセブン&アイ・ホールディングスの一角を担うイトーヨーカドーは、あくまで店舗の敷地は賃貸が主流でした。

バブル崩壊までは、「流通革命」を標榜していたダイエーは、ヨーカドーはおろか三越を抜いて、流通業ナンバーワンの名をほしいままにしていました。ところが、不

ダイエーも「解体」された

動産バブルが崩壊するや都心の土地は、最高値から2割から3割程度にまで地価が下落しました。

2兆円あったダイエーの含み資産が4分の1まで暴落します。1兆円企業だったダイエーも巨額の債務超過に陥ります。最終的に創業者の中内氏は会社を手放し、ダイエーは産業再生機構入りの後、イオングループに売却されて、その歴史に幕を閉じます。

不良債権処理を巡っては、そのまま放置するか破綻処理を進めるか。2つの方法しかありません。ダイエーは残念ながら後者の道をたどりましたが、もしこのまま不良債権を一時的に棚上げにするなどして、企業再建を目指していたらどうだったでしょう？　失われた30年を経て、一等地の資産価値は高騰しダイエーは今頃、世界有数の巨大流通企業に返り咲いていたでしょう。

かつてのリクルート本社やプランタン銀座や、福岡ダイエーの本社ビル、福岡ドームもダイエーの所有物件でした。一度は暴落した都心物件の担保価値も、今や1980年代バブル以上に暴騰しているのはご存じの通りです。

私は、土地価格の暴落を「逆バブル」と呼んでいますが、アンダーシュートした「逆バブル」の資産価格もオーバーシュートした「バブル期」の資産価格でも最後は必ず元の位置に戻るというのが、バブルの特徴です。

ガルブレイスが見抜いていた「バブルの本質」

生涯をバブルの研究に捧げた経済学者のジョン・ケネス・ガルブレイス氏は「バブルがいつ弾けるのかを正確に予測することは誰にもできない。ただし、すべてのバブルは必ず崩壊する」と断言しています。誰よりも安くなったところまで買い叩くのが、バブルの特徴を熟知するハゲタカ外資の戦略です。日本の資産バブルの暴落に乗じて跋扈したのが、日本の富を奪うことを狙っていたハゲタカ外資とその尖兵たちだったのです。

第2章

奴隷化計画を推進した小泉純一郎内閣

小泉内閣が進めた「日本植民地化」

日本の経済はバブル後の1995年にはGDPは世界シェアの17・5％を誇っていましたが、現在は約4％を切るところにまで落ち込み、日本の1人当たりの名目GDPは世界22位。21位の韓国に肩を並べられたことからも、その凋落ぶりは明らかです。それもそのはずで、40年前の「プラザ合意」を機に、日本政府は対米服従路線をひた走ります。別の言葉で言えば、「日本の植民地化」です。

21世紀を迎えた日本政府は、不良債権処理が国論を二分するような大問題になっていました。その矢先に颯爽と登場したのが、2001年4月26日に誕生した小泉純一郎総理でした。

戦後の憲政史上、小泉元総理は歴代総理に比べ、卓越した国民向けのアピール力のある稀代のパフォーマーでした。小泉元総理が最優先の公約に掲げた「郵政民営化」にしても小泉元総理本人は、金融政策のことなどほとんどわかっていませんでした。それでも国民を熱狂させるトーク能力に長けていました。「郵政民営化は改革の本丸」「改革なくして成長なし」といったフレーズで、国民をミスリードし続けてきたのです。

今になって振り返ると、郵政民営化が日本経済を成長させるなどということがあり得るはずがありません。それどころか、郵政民営化が百害あって一利なしであったことが、最近では、明確になっています。

郵政民営化の悲惨な末路

2005年9月11日に投開票が行われた衆議院議員総選挙は、「郵政選挙」の文字通り一点突破で小泉政権は圧勝を収めます。小泉元総理は「郵政解散に反対するのは抵抗勢力」といったかと思えば、「郵政を民営化すれば日本経済に新しい光が出てくる」と、郵便局を三事業に分割することで日本が大復活を遂げるとアピールしていましたが、とんだ大風呂敷だったことが2007年の民営化から18年が経過した今、明白になっています。

民営化以前の郵便局は、郵便事業と郵便貯金、それと簡易保険の三事業を一体運用していました。例えば、地方在住の高齢者が、貯金を下ろすために郵便局を訪ねると、その場で、届いたばかりの郵便を手渡ししてくれることも日常的に見慣れた光景でした。つまり郵政三事業を同じ郵便局の職員が実に効率的に対応してくれたものです。ところが、今ではそれぞれの持ち場ごとに縦割りの組織となり、お互いに干渉しないようになってしまいました。小泉元総理がさかんに訴えていた効率化は「画に描いた餅」でした。

郵政三事業のうち一番しわ寄せがあったのが大量の郵便物を全国くまなく配達する郵便事業です。そもそも、ゆうちょ事業や簡保のように金を右から左に動かすような金融事業に比べ、効率が悪くて当たり前です。

民営化前は、事実上、郵貯事業や簡保事業の儲けが、郵便事業につぎ込まれていたのです。

それがなくなった今、郵便サービスは民営化以前に比べ、サービスが大幅に改悪されました。郵便はがきの値段は、２０２４年10月に63円から85円へと約３割も上昇。

全国の郵便局も統廃合が加速度的に進んでいます。２０２１年10月からは、普通郵便の土曜配達も終了しました。将来的には、地域によっては全国一律の郵便網が維持できなくなる可能性さえ出てきているのです。

「アメリカに生贄を差し出せ」

結局、小泉内閣が郵政民営化でもたらしたのは、ハゲタカ外資が日本市場に参入する道筋をつけたことに尽きます。中でもその尖兵の役割を果たしたのが、小泉政権下で金融担当大臣だった竹中平蔵氏と、金融庁顧問を務めた木村剛氏でした。

小泉政権でも不良債権問題を巡っては「そのまま放置」か「破綻処理」かで、意見が分かれていました。

大蔵省の出身で、初代金融担当大臣を務めた柳澤伯夫氏は「破綻処理」については、慎重な姿勢でした。ところが、不良債権処理に対する公的資金の追加注入の求めに「必要なし」と突っぱねたところ、２００２年９月に事実上更迭され、竹中経済財政担当大臣が金融担当大臣を兼務するという異例の事態となりました。

なぜ、小泉元総理がこうまでして不良債権処理にこだわったかといえば、やはりアメリカの影が見え隠れします。

小泉内閣が誕生してからわずか４カ月あまりの２００１年９月11日、アメリカで同時多発テロが発生します。世界中が緊迫する最中、小泉元総理はすぐにアメリカに飛んで、ブッシュ大統領と対面を果たします。２００１年９月25日のことです。

小泉元総理は同盟国アメリカに対して、来るべき対テロ戦争に備えて、自衛隊の派遣も辞さないと明言しましたが、ブッシュ大統領は、

「アメリカはテロで大きな打撃を受けた。経済安定のためにやれることをやっている。日本も経済安定のために不良債権処理を実現してほしい」

要するに「アメリカのために生贄を差し出せ」というのが、アメリカからのメッセージでした。

同時多発テロにより、アメリカの株価は一時的に15%も下落しましたが、その後はあっという間に持ち直し、2カ月後には元の株価に戻すまで回復します。

小泉政権は、与野党を問わず不良債権処理の「慎重派」に対して、「抵抗勢力」とレッテルを貼り、国民世論を味方につけ徹底抗戦。小泉元総理の懐刀である竹中氏を金融担当大臣も兼務させることで、公的資金注入による破綻処理を加速させます。

小泉元総理とブッシュ夫妻

いわばアメリカとの「公約」を守ったことで、小泉元総理は意気揚々と再びアメリカにわたります。２００2年9月10日、小泉元総理は同時多発テロからまる1年を前に出席した「外交問題評議会」の席上で、耳を疑うような発言をします。

「企業倒産が起こり、デフレが進み、失業者が出るという批判がある一方で、倒産、失業者の存在を恐れずどんどん進めろという批判がある。1年数カ月首相をやってわかってきた。専門家の意見を聞けば聞くほどまったく違ったことを言う。最終的に聞けるのは自分しかない。覚悟して不良債権処理を加速させなければならないというのが今の私の認識だ」

この場には、アメリカの保守層が集まっていました。ハゲタカ外資の耳にもこの小泉元総理のスピーチは伝わっていたはずです。しかし、日本の国民に対しては、明確な説明のないまま、金融庁に対し不良債権の抜本処理を指示したことで、柳澤大臣との軋轢を生みました。

久米宏氏も騙された

ストッパーのいなくなった小泉政権は、１９８５年来、腹を空かせて待ち構えていたハゲタカ外資に、「マグロの解体ショー」よろしく流通、建設、不動産といった不良債権を抱えた企業を解体し、優良資産を片端からハゲタカの外資に二束三文の値段で引き渡していきました。

さらには、日本経済の血液である銀行にも容赦ない洗礼を浴びせます。それこそ金融庁が2002年に発表し、竹中―木村ラインが戦略を実行した「金融再生プログラム」です。これまで不良債権処理といえば、巨額の債務を抱える企業側に焦点が当たっていたのに対し、一連の不良債権処理で、融資が焦げ付いていた金融機関にもメスを入れるという極めてドラスティックな政策でした。ここで大きな役割を果たしたのが、金融庁の顧問に抜擢されていた木村剛氏でした。

後に不良債権処理に対し返り血もいとわないハードランディング論者に豹変する木村氏ですが、小泉政権下で脚光を浴びるまでは、気鋭の金融アナリストとして、メディア関係者から重宝される存在でした。

2000年から2004年まで、私はテレビ朝日の「ニュースステーション」にコメンテーターとして出演していました。今でも悔やまれるのが、不良債権処理の問題が連日報じられる中、番組スタッフのサポートを十分にできなかったことです。

報道番組といえども、番組のスタッフは金融についてはズブの素人ばかり。毎日のように不良債権問題の特集コーナーを作らなければいけないスタッフにとっては悩ましい問題です。そこで木村さんのオフィスに電話すれば、番組のオンエアに間に合うように特集の台本からフリップの原案まで木村氏の会社で作ってくれる。金融の初心者にも懇切丁寧にレクチャーしてくれるなど至れり尽くせりだったそうです。当然、コメンテーターとしても物腰の柔らかさとわかりやすさが評判で「ニュースステーション」でも常連のコメンテーターに名を連ねるようになります。

ところが、この頃から木村氏の巧妙な論理のすり替えが起こります。「不良債権問題を解決しない限り日本に未来はない。だから急いでやらないと」と暗に金融庁のメッセージを代弁するようになります。木村氏は当時、竹中氏に匹敵するほど「日本経済の救世主」として、脚光を浴びていました。それだけに「木村理論」の危険性にいち早く気づいた私は、何とか木村氏の暴走を止めようとしていました。

そこで思い立った私はある時、久米宏氏に直談判することにしました。番組が終わるのは、夜11時過ぎ。その後のミーティングなどを挟んで、深夜になって一緒に食事を取りながら「いかに木村理論がインチキなのか」を延々と説明しました。しかし、私の言葉に説得力がなかったのでしょう。久米氏は木村氏のハードランディング理論の危うさには、気づかなかったようです。ニュースの専門家である久米氏と言えども金融の専門家ではありませんから無理もありません。番組スタッフ同様、すっかり木村氏に騙されてしまったのです。

結局、木村さんは経営危機に陥っていた日本振興銀行の会長職に就任したものの金融庁による金融検査妨害で、２０１０年7月14日に逮捕されて表舞台から姿を消しました。

「竹中─木村ライン」が推し進めた「金融再生プロジェクト」により、多くの「不良債権企業」が破綻に追い込まれ、二束三文でハゲタカ外資と竹中氏と親密な国内企業に売却されることになりました。銀行も例外ではなく、2002年にはりそな銀行が一時国有化され、足利銀行は破綻に追い込まれました。競争力のない企業は切り捨て、生き残った企業で日本経済を再生させるという日本政府の方針は、まさに「弱肉強食」そのもの。**日本独自のルールで成長を続けてきた日本社会は徹底的に破壊され、アメリカ式の「グローバル資本主義」のルールがまかり通ることで「勝ち組と負け組」に分断される社会が誕生したのです。**

アベノミクスは財務省に潰された

最近になって庶民の生活実感が厳しくなっている現状を「アベノミクスが国民生活を破壊した」とアンチ安倍派が主張していますが、経済を知らない人たちの無知が招いたでたらめです。２０１２年12月からの第2次安倍政権の経済政策（アベノミクス）は、財政出動と金融緩和を打ち出しました。いずれの経済政策もデフレで景気が悪い時に行う定石通りの経済政策で、大学1年生の経済学の教科書でも最初に学ぶような内容です。いわば安倍氏のやったことは教科書通り。ところが、アベノミクスに財務省が横やりを入れて日本の経済が混迷を極めたツケが、現在の国民の生活実感が著しく悪化している原因です。

実は、財務省主導の財政緊縮にお墨付きを与えたのも、小泉政権だったのです。ハゲタカ外資とザイム真理教の台頭を許した小泉政権の罪深さに、庶民は気づくことなく奴隷化に拍車がかかることとなります。

第3章

日本人を奈落の底に突き落とすザイム真理教

財務省は増税一辺倒

２０２４年10月27日に投開票があった衆議院議員総選挙では、自民公明の連立与党が過半数割れをする中、玉木雄一郎氏率いる「国民民主党」は公示前の７議席から28議席と４倍もの躍進を果たしました。明らかに国民民主が掲げた「年収１０３万円の壁」について、有権者が支持をした結果でしょう。

選挙後の自公与党の税制調査委員会には国民民主党も会合に参加したものの自公側は物価の上昇率を踏まえ「年収１２３万円」にすることを提案。「財源がない」と国民民主の主張を突っぱねました。

その結果、自民、公明、国民民主の幹事長による合意文書には「１７８万円を目指して、２０２５年から引き上げる」と明記してはあるものの減税を巡る口約束は政局

主要国における所得税の「課税最低限」

【夫婦のみ(片働き)】　(単位：万円)

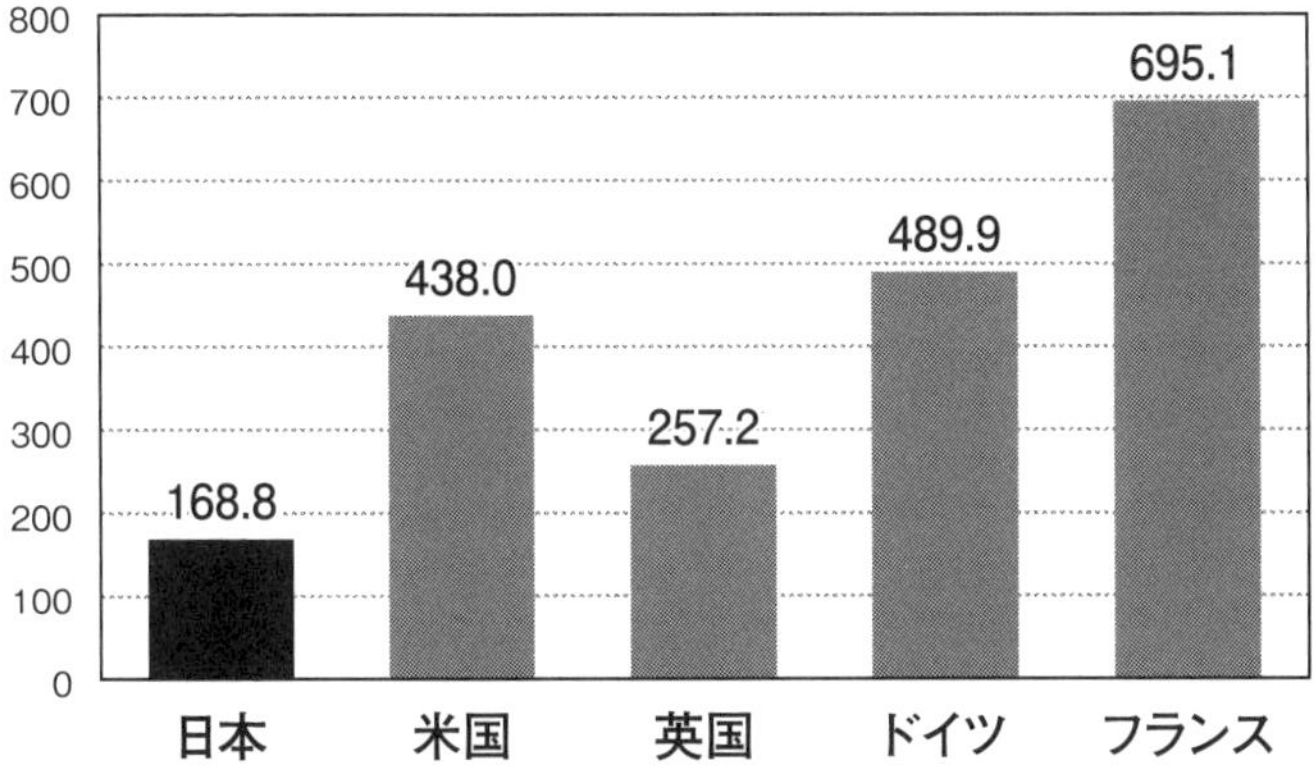

(出所)財務省ホームページより

次第です。ザイム真理教の布教活動により、いとも簡単に反故にされる歴史をたどってきただけに、今後も有権者は監視を続ける必要があるでしょう。

「年収103万円の壁」問題では、基礎控除10万円、給与所得控除の最低保証を10万円ずつアップすることが決まりましたが、実は財務省は1995年から30年も課税最低額の引き上げを放置し続けてきました。本来なら賃金が上がっているなら基礎控除もアップしないといけないはずです。実際、先進国の中で日本の課税最低限は、とてつもなく低くなっています。

こうした目に見えない「ステルス増税」は財務省の得意技です。

岸田文雄内閣は「成長の成果である税収増を国民に還元する」として、2024年度の1年間限定で、年収2000万円以下の一人当たり4万円を、住民税非課税世帯には10万円を支給しましたが、あまりに中途半端で、多くの庶民が感じている重税感は一向に解消されませんでした。しかも、この定額減税は、恒久的な減税ではなく、単なる給付金に無理やり減税という名前をつけただけのものでした。

一般国民向けの減税というのは、「恒久的な減税」を謳った1999年の小渕恵三内閣の「6兆円減税」以来、まったくありません。しかもこの減税も小泉内閣で2007年に廃止されてしまいます。

バブル崩壊による長引く不況で、橋本龍太郎内閣から小渕恵三内閣。そして小渕元総理の急逝により誕生した森喜朗内閣は小渕路線を継承し、基本的に積極財政派でした。

ところが小泉内閣以降は、税や社会保険料に関しては増税増負担一辺倒になりますから、我々の手取りがドンドン減っていきました。これでは、庶民の転落が止まらないのは当たり前です。

格差拡大の元凶は税制にあり

自民党というのは、エリート寄りのグループと庶民派寄りのグループの二大勢力が党内で政争を繰り広げることで、長期政権を維持してきました。中でも1970年代から1980年代にかけては、庶民からの立身出世を果たした田中角栄と東大から大蔵省キャリアに進んだ福田赳夫の間で「角福戦争」と呼ばれるほど自民党内で激しい主導権争いが繰り広げられました。田中角栄率いる田中派は、庶民の代表でリベラル。自民党内の左派にあたります。一方、福田赳夫率いる福田派は、エリート色が強く、保守で党内でも右派に属します。

田中角栄は1976年7月のロッキード事件で逮捕され、政治家としての命運は絶たれますが、その後も「闇将軍」として自民党内を牛耳り、「田中派支配」の時代が1990年代後半まで続きました。

福田派は福田赳夫自身が大蔵官僚出身であることからもわかるように、庶民の増税に積極的で、金持ちと大企業を優遇するような政策を長年標榜してきました。

かつて、バブル時代の1980年代後半においては、金持ちと庶民の「格差」がそ

国民負担率（対国民所得比）の推移

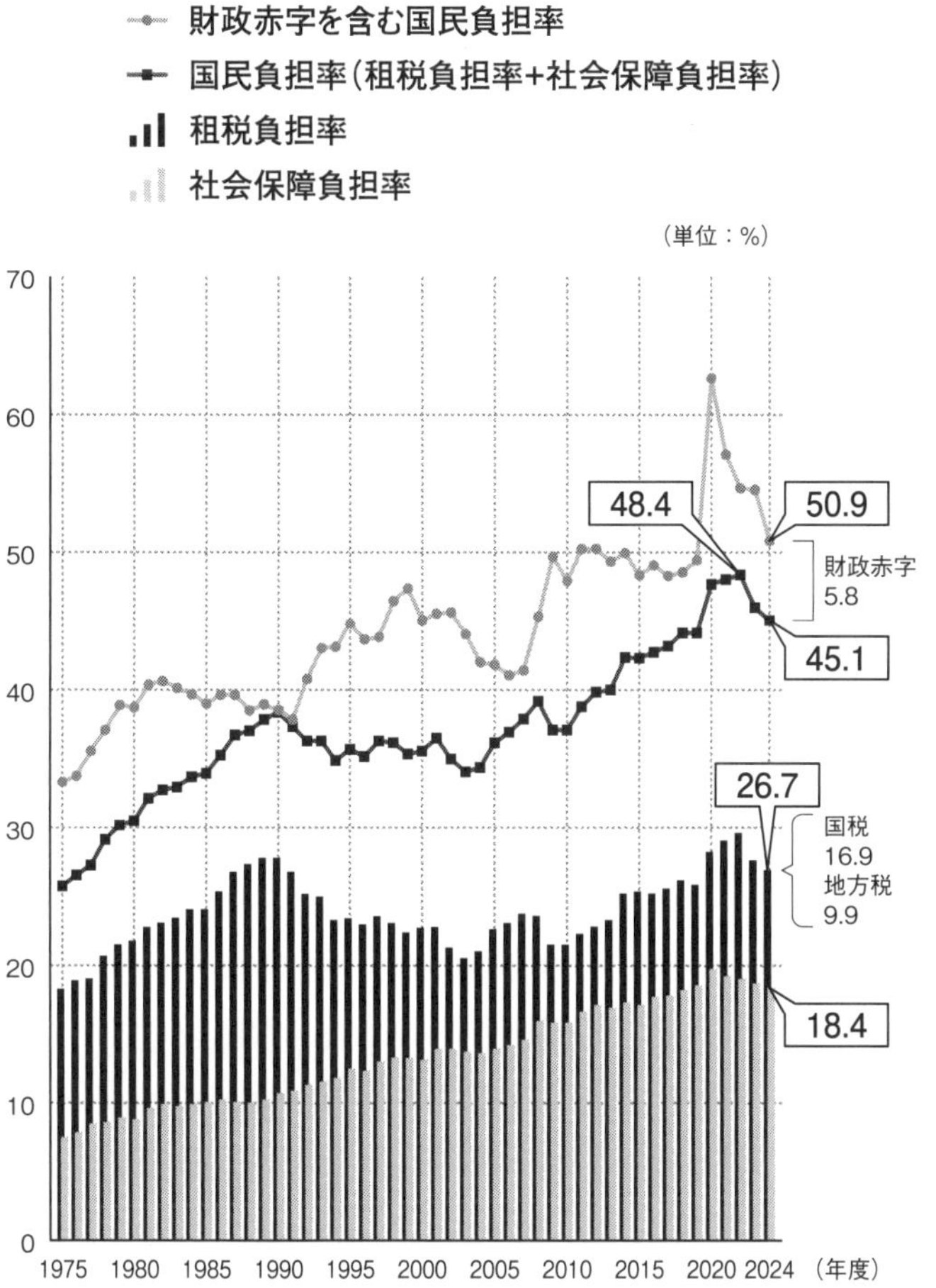

（出所）財務省ホームページより

れほど大きくなかったというと、意外に思う人が多いかもしれません。
当時の大企業の社長の給料というのは、せいぜい年収でも2000万〜3000万円ほどで、長者番付にもあまり登場しませんでした。ところが今や、上場企業のオーナー株主は億単位の報酬を得ています。彼らは会社の大株主ですから毎年多額の配当収入を得ています。株主還元と言いつつ配当を増やしている企業でも大株主は社長と会社の重役ばかりという笑えない話もあります。

片や庶民の生活はじり貧の一途をたどります。財務省が公表している国民負担率の推移をみれば一目瞭然です。1970年度には租税負担が18・9%と社会保障負担が5・4%の合計24・3%で、10万円の収入に対して、手元には7万5000円が残る計算です。

ところが今ではどうでしょう。2025年度時点で、租税負担は実に26・7%に、社会保障負担は18・4％に上ります。国民の税金や社会保障の割合を示す国民負担率は45・1％にまで上昇しています。実に12年連続で40％を超える数字を記録しているばかりか、**岸田政権下の2022年度は48・4％と実に稼ぎの半分しか手元に残らないという非常事態が常態化しています。**

10万円稼いでも手元には、5万5000円しか残らない。これでは、いつまでたっても暮らし向きは一向に改善しないでしょう。もはや涙ぐましい節約だけでは、極貧の生活から抜け出せなくなっています。日本人の総奴隷化計画は、実質的に完成しつつあります。

「ご法度」を解禁した竹中平蔵氏

なぜこんな事態になったかといえば、竹中氏が金融担当大臣をしていた時代に、行き着きます。竹中氏は一貫した雇用流動化の旗振り役として、2004年にはこれまで「ご法度」とされていた製造業の派遣労働を解禁するなど、正社員中心の雇用からクビを切りやすい派遣社員中心への流れを作り、終身雇用の正社員が主流だった日本の雇用環境に、経営者にとって都合のよい非正規雇用を大量に供給することで、日本企業の競争力を上げようと試みました。ところが実際には、会社にとって都合のよい使い捨ての人材が大量に生み出されただけでした。

結果的に日本の労働環境は、安定的な雇用環境から景気に左右される非常に不安定な社会構造への大転換につながりました。

かつては約10％だった非正規雇用が、今や4割にまで上っているのも、製造業への

郵政民営化はアメリカへの公約

派遣労働の解禁だけでなく、「円滑な労働移動」という美名のもとに、雇用の流動化政策が採られたからにほかなりません。

実は、この製造業の派遣労働は1986年に制定された「労働者派遣法」によって禁止されてきました。私は1984年から1986年にかけて、経済企画庁総合計画局労働班に出向していて、この労働者派遣法の作成にもたずさわっていました。

この法律ができた背景には、戦後の劣悪な労働環境がありました。かつて、「口入れ稼業」と言われる労働者の仲介業者がいました。彼らは朝早くに労働者が集まる公園などにトラックで乗り付け、建設や工事、製造現場で働く臨時工を派遣していましたが、悪質な業者による労働者からのピンハネが横行しました。そのため1947年には職業安定法第44条で禁止されたのです。

しかし、日本経済が成長するにつれ、「社内の人材だけでは対応しきれない業務を、専門的な知識や技術を持つ外部人材で補いたい」という企業側からの強い要請が出てきます。当時は同時通訳のようなスペシャリストの派遣労働を認めてもいいのではという流れがありました。高度の専門技術を持つ労働者はピンハネの対象にならないからです。労働の専門家の見解も「高度な技術を持つ人に限っては派遣を認めよう」となったのです。

雇用流動化が招いた貧困

1980年代までの時代には日本国内で国際会議が開催されることは、それほど多くありませんでした。おそらく国際会議で通訳を請け負う企業でも仕事は週に1回か2回程度だったはずです。これでは通訳を雇用する企業側も躊躇してしまいます。そこで彼らを登録した派遣労働者として認めれば、企業側にとっても本人にとっても都合がいいという事情がありました。

いわば、「ポジティブリスト」によって、必要な職種のみ派遣労働を認めるというのが、制定時の派遣労働法の精神でした。しかし、1999年にはポジティブリストからネガティブリスト方式に法改正がなされます。これは、それまでのように派遣が認められる職種を絞るのではなく、特定の職種以外は原則としてすべて認めるという方針転換がなされたのです。ただ、この段階でも建設業や港湾業、製造業の現場労働者は、まだ派遣労働が認められていませんでした。

ところが、2004年にその制限すら撤廃したのが経済財政担当大臣をしていた竹中氏でした。

その結果、何が起きたかといえば派遣切りです。2008年9月のリーマン・ショックで、景況感が一気に冷え込むと、本来なら雇用調整助成金によって守られるべき製造業の現場労働者が、いきなり派遣契約の継続を拒否され、事実上のクビを言い渡されたのです。師走の日比谷公園には年越し派遣村ができて、おにぎりや温かいスープなどが配られた。なんと戦後から60年以上が経過した21世紀にもなって、その日に食うや食わずの労働者が500人も集まってきました。

2008年6月8日、歩行者天国の秋葉原に2トントラックで突っ込み死者7人、重軽傷者10人という大変痛ましい事故となった秋葉原通り魔事件の犯人も「派遣切り」が犯行を決行する原因のひとつだったことが明らかになっています。2022年7月に死刑が執行された加藤智大元死刑囚は、派遣の塗装工として自動車製造工場で働いていました。直接的な事件の動機は、自分の作業着が見つからず、職場でトラブルとなり犯行に及んだとされていますが、同時期に50人の派遣労働者の削減計画も持ち上がっており、会社の寮に住んでいた加藤元死刑囚もまた、「希望なき自暴自棄の

500人もの労働者が集まった「年越し派遣村」

犯罪」としてクローズアップされました。

結果的に、小泉構造改革は郵政民営化と構造改革、増税増負担の3点セットを日本社会に押しつけ、ハゲタカ、高級官僚、富裕層によるニッポン人総奴隷化計画に舵を切ることとなったのです。

国民を意のままに操る財務省

２０２３年5月に出版した『ザイム真理教』では、自らの教義「財政均衡主義」に固執するあまり「日本の財政は破綻する」と国民を洗脳し続ける財務省の実態を告発しました。長年、財務省は自分たちの思いのままに国民を操ってきました。

その結果、2025年度の税収は、2024年度の73兆4000億円を大幅に上回り、70兆円台後半になることを政府が試算しています。これは6年連続の新記録更新だそうで、庶民から搾り上げるだけ搾り上げろというザイム真理教の布教活動が実を結んだ結果です。

しかし、この増税増負担社会においては、少子化に拍車がかかっています。2024年の出生数は史上初めて70万人を割り68万7000人どまりになる見通しです。この結果は「こんな不安定な日本社会では子育てができない」と日本に希望を持てないカップルが増えているからではないでしょうか？

これもザイム真理教が日本人を奴隷扱いして税金をトコトン搾り上げて、日本社会そのものから活力を奪い国家を潰そうとしているのではないでしょうか。ザイム真理

教の教義は、

〈日本というのは世界最大の借金を抱えている。GDPの2・6倍もの借金を抱えている。借金で首が回りません。このまま財政赤字を放置すると、国債が暴落して為替も暴落してハイパーインフレが襲いますよ。そうするとあなたの子や孫たちがずっと苦しむことになります。我々が現役のうちに財政再建をしましょう。そのためには消費税増税は我慢しましょう〉

というものです。

もちろんそれは真っ赤なウソです。92ページの図をご覧ください。これは、IMF（国際通貨基金）のデータベースに記載された日本政府の貸借対照表（バランスシート）です。確かに一般政府（国＋地方）のベースでみると、日本はGDPの291％もの負債を抱えています。しかし、日本政府はGDPの276％という世界最大の資産も同時に抱えています。純資産の赤字はわずか16兆円です。結局、今の日本の財政

日本政府のバランスシート（2020年／対GDP比）

①一般政府　（単位：%）

総資産	275.7
非金融資産	145.5
金融資産	130.2
総負債	291.4
純資産	-15.7

②統合政府　（単位：%）

総資産	378.2
非金融資産	184.1
金融資産	194.1
総負債	369.2
純資産	9.0

（出所）IMF “Public Sector Balance Sheet”

は大量の借金をしながら、その大部分を預金しているという状態なのです。

しかも、政府の子会社である日銀を加えた「統合政府」のベース（企業でいう連結決算のようなもの）でみると、総資産は、総負債を９兆円も上回っています。借金で首が回らないどころか、じゃぶじゃぶにお金が余っている状況なのです。

それでも財務省は、「借金を孫子の代に先送りしてはならない」という脅迫を金科玉条のごとく、総理大臣でも

文化人でも布教して帰依させます。さらには、国民向けに「啓蒙活動」と称して、ホームページやパンフレットでも「財政均衡主義」を唱えて、国民を洗脳しようとしています。

この状況は、カルト教団が「あなたには死相が出ています。それを振り払うには、100万円の壺を買いなさい」と脅しているのと同じです。「壺」が「増税」にすり替わっているだけなのです。

財務官僚の特徴は、増税を「正義」と信じてやまない行動原理にあります。税の徴収と再分配こそが国家権力の礎であると本気で考えています。

しかも東大法学部出身のエリートたちが「我こそは先に」とばかり出世争いという名の増税ゲームを繰り広げています。増税をすればポイントがたまり、よりよい天下り先が用意されます。減税をすればすぐに左遷されます。あらゆる手段を駆使して国民から税金を巻き上げようとするのですから、洗脳やステルス増税などお手の物です。

いざ、声高に財務省批判をすれば、税務調査とスキャンダルの暴露で脅迫してアンチの口を黙らせる。こうして権力の中枢を牛耳ってきたのです。
評論家の多くも財務省の官僚の能力の高さを認めています。ところが、入省後、数年がたって再会すると皆一様に、「消費税は25％まで上げるべきです」とすっかりザイム真理教に洗脳されてしまう。

始末の悪いことに、私がビックリするのは、最近の財務省はテレビに頻繁に登場するお笑い芸人や、財務省に対して批判的な荻原博子氏のところにも来るそうです。財務省が来ない有識者は、私が調べた限りでは、私と「れいわ新選組」の山本太郎代表だけのようです。ちなみに、彼らと行う「会食」で、財務官僚は自分が食べた分は自分で支払うそうです。ただ、財務省がそんな会食のための予算を持っているはずがありません。何らかの資金の捻出策が講じられているのは間違いないのです。そうしてまで、布教活動に熱心に取り組むのもカルト教団に共通する特徴。彼らが日本経済の転落をずっと後押ししてきたというのがこれまでの歴史なのです。

増税の切り札「消費税」の誕生

そもそも「財政均衡主義」は現在の経済学の常識からは時代遅れとされています。なぜ、財務省はいまだにこの「教義」を変えることができないのか。それは官僚の主流派がいずれも経済学を知らない東大法学部が占めていることも一因です。法学部出身というのは、一度決めた教義は絶対に変えないという遵法精神が染みついています。ましてや自分たちの教義が正しいとばかりに、第三者の忠告を嫌い排除します。まさに「カルト教団」の行動原理そのままなのです。

私は1980年に大学を卒業し、日本専売公社に入社します。その後、経済企画庁などに出向をしていた関係から、ザイム真理教がいかに誕生してきたかをつぶさに見てきました。

戦後の日本は国債をあまり発行することはありませんでしたが、1964年の東京五輪の翌年に経済が落ち込み、赤字国債を初めて発行します。さらに1973年に石油ショックが起きて、日本列島は一時的にパニック状態に陥りました。そこで政府は石油ショックの不況を克服するための財源として赤字国債を発行。95年以降は毎年発行するようになるのです。

国債は基本的に10年後には元本を償還する仕組みになっています。しかし、10年後に再度、借り換えの国債を発行することで実質上、国債の元本を返す必要はないわけです。極端なことを言えば、日本政府が存在する限りは返済する必要がないわけです。

日本以外の先進国は、昔から借り換えを行っています。さらに、発行した国債を日銀に買ってもらえば、そもそも日本政府は返済の義務を免れます。元本は借り換えを繰り返せばよいからですし、政府が日銀に支払った利息は、国庫納付金の形で全額が戻ってきます。

私はこれを「通貨発行益」と呼んでいます。つまりインフレに気をつけながら国債を発行すれば、国庫にその分だけお金が入ってきます。アベノミクスの際には、毎年80兆円程度の通貨発行益が生み出されました。日銀による金融緩和策が不景気な時期ほど、効果を発揮するのは至極当たり前の話なのです。

ところが、財務省は「借金は何が何でも返さないといけない。そのためには増税が必要だ」と暴論を振りかざすようになります。そこで税収を上げるために導入されたのが、1989年にスタートした消費税です。

消費税は財務省の切り札

しかし、そこでも財務省は「日本は直接税と間接税の比率を欧州並みに是正する」と狡猾な主張で、国民の反対を押し切り導入に踏み切ります。さらには、民主党政権下の２０１２年８月に「社会保障の財源」として消費税の８％へのアップをゴリ押し し、２０１５年10月には消費税を10％にアップさせる自公民主の三党合意を結ぶことに成功しています。

実際、この時の合意は２０１４年４月からの８％への引き上げ、２０１９年10月からの10％への引き上げという形で実現しました。今後、社会保障制度の維持のためという口実で消費税を15％に上げることも時間の問題でしょう。

総裁選「高市外し」の裏に財政発言

ましてや、すでに財務省官僚に籠絡されている増税論者の石破茂内閣がズルズルと延命するようでは、消費税アップの時期も早まるかもしれません。

私はオタク仲間としての石破氏は評価しています。漫画オタクで知られる麻生太郎元総理は、秋葉原界隈での評判はすこぶる悪くて「ビジネスオタク」と揶揄されています。

それに対して石破氏は総理就任前には秋葉原の模型店にお忍びで訪れて、鉄道や飛行機のプラモデルを買って嬉々として自宅で作っているタイプなんです。本来なら総理の座る椅子に座ってエアブラシでプラモデルを作っていたい。総理の器としては、かなり厳しいと言わざるを得ません。経済についてはズブの素人です。

ザイム真理教による増税路線は石破政権が続く限り、今後ますます加速するのでは

「プラモオタク」で知られる石破茂総理

ないでしょうか。

本来なら2024年9月27日の自民党総裁選で高市早苗氏が選ばれていれば、少しは状況が改善していたかもしれません。しかし、プライマリーバランスについて「黒字にこだわるのは間違っている」と発言した高市氏は、財務省にとっての天敵でした。脆弱な支持基盤にもかかわらず、石破氏が総理大臣になれたのは、財務省の「緊縮均衡主義」を踏襲すると宣言したからです。

石破氏の後見人である岸田文雄前総理は自民党総裁選の決選投票で旧岸田派の議員に対して、「高市氏以外の党員票が多い候補で」とアンチ高市氏を表明したそうです。

とかく党内政治に長けていなかった高市氏は、岸田前総理の支持を取り付けることができなかったのが敗因でした。しかし、岸田氏を味方につけるならば、財務省の意向には背けません。そもそも「緊縮均衡主義」を否定した時点で、高市氏は自民党の総裁にはなれなかったのです。

安倍晋三元総理亡き後、財務省の許可なしには総理にもなれないのが今の永田町の現実なのです。

第4章 急所を握られた安倍政権の末路

「財政均衡主義」の破綻を証明したアベノミクス

かつてザイム真理教に猛然と切り込んでいったのが２０１２年12月に発足した第２次安倍政権です。安倍元総理は「財政出動」「金融緩和」「成長戦略」という経済政策を「三本の矢」として束ねた「アベノミクス」路線で、緊縮路線の予算から財政緩和へと路線変更に踏み切りました。中でも２０１３年度から２０１６年度の国債発行額が80兆円に達するほどでした。

アベノミクスの財政・金融緩和路線で奮闘したのが、２０１３年３月20日に日銀総裁に就任した黒田東彦氏でした。黒田氏は緊縮派の白川方明前総裁とは対照的に安倍さんの目指すインフレ２%を実現するまで国債を80兆円も発行し続けるという「異次元の金融緩和」を断行することによって、株価は大きく上昇。民主党の野田佳彦総理

消費者物価上昇率の推移

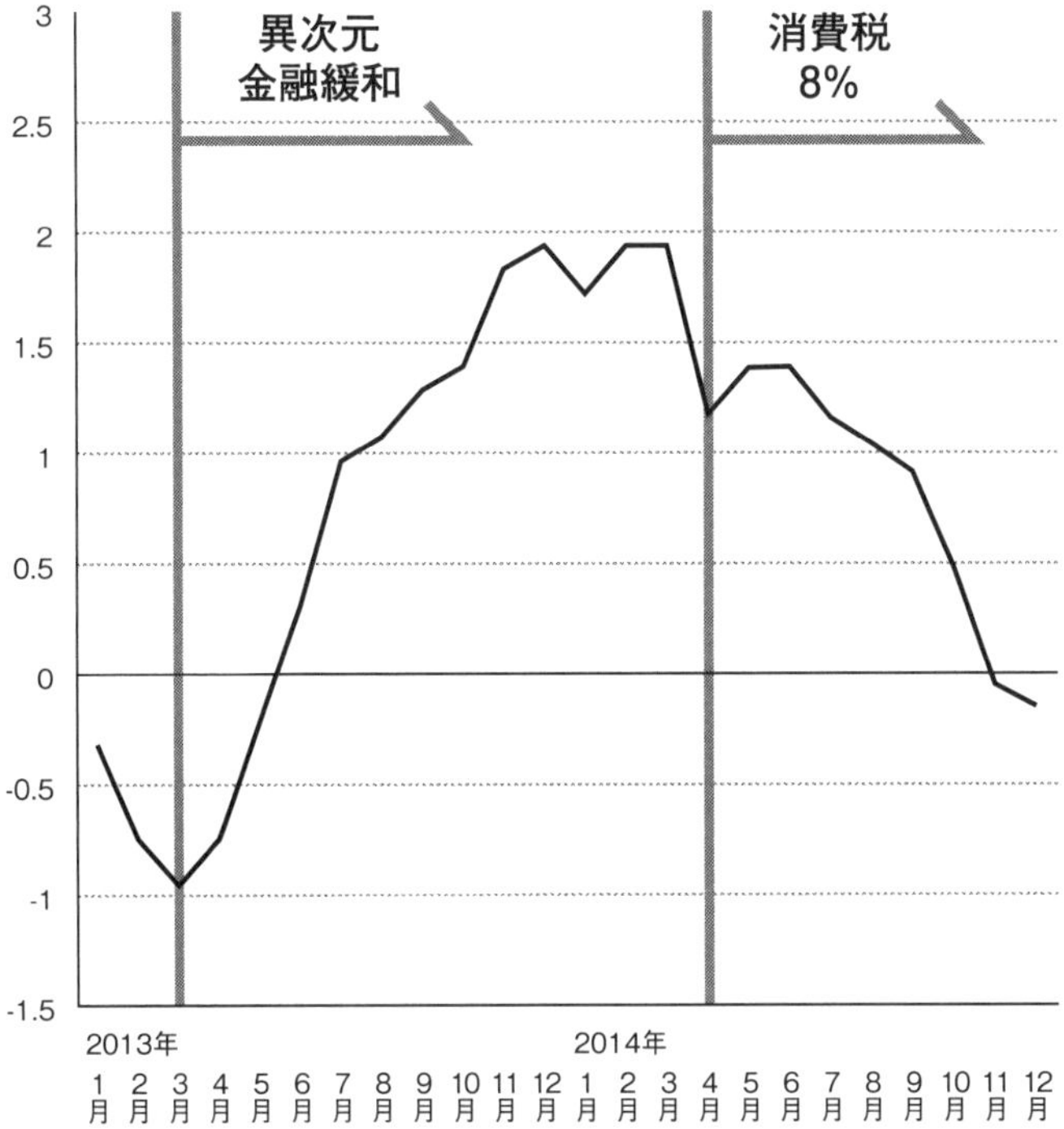

が解散総選挙に踏み切った２０１２年11月14日の日経平均８６６４円から２０２０年８月28日の終値の２万２８８２円まで、実に２・６倍も株価は上昇します。その一方で、財務省が主張する過剰なインフレはおろか株価や国債、為替の暴落はまったく起きなかったのです。

また、安倍政権が掲げた「インフレ２％の実現」は就任後わずか1年で達成されています。アベノミクスはデフレからの脱却による景気回復にも大きな貢献をしたのです。ところが、「アベノミクスはデフレ脱却に失敗したと言われるのは、図からも明らかなように、デフレ脱却の直後に、財務省が強引に消費税率を８％に引き上げたからです。もちろんプライマリーバランスの黒字化というのは、まったく必要のない政策でした。

第２次安倍政権の最終年にあたる２０２０年度のプライマリーバランスはコロナ禍ということも手伝って80・４兆円の天文学的な赤字を記録します。その翌年の赤字が

31・2兆円と大きく赤字幅を縮小したのと比較してもいかに巨額の赤字が瞬間風速とはいえ、発生していたことを知る人は少ないと思います。財務省の主張に従えば、80兆円もの財政赤字を出せば、ハイパーインフレが起きていてもおかしくなかったはずです。ところが、コロナ禍でもハイパーインフレはまったく起きなかったのです。

つまり、財務省のいう「財政均衡主義」は、机上の空論だったことが明らかになったのです。

しかし、財務省はこうした事実を一般の国民向けには公表していません。この80兆円の一般会計のプライマリーバランスの赤字は、2022年7月29日に行われた経済財政諮問会議で内閣府が提出した「中長期の経済財政に関する試算」という資料に記されているだけで、財務省のホームページには掲載されていません。これでは「不都合な真実」は徹底的に隠蔽するという北朝鮮や中国、ロシアといった強権国家と同じような情報統制ぶりです。

アンチ財務省内閣の敗北

長年、永田町で財務省のやり口を見てきた安倍元総理は、第2次安倍内閣では財務省からの圧力に対抗すべく、総理秘書官として経済産業省出身の今井直哉氏を抜擢します。2019年からは総理大臣補佐官も兼務させるなど、最側近として、財務省からの防波堤になってもらいました。まさに「アンチ財務省内閣」としての布陣です。私は安倍元総理に期待をかけていました。

ところが、破竹の勢いのアベノミクスは急減速してしまいます。その原因が消費税のアップでした。アベノミクスが掲げた財政出動による景気回復策は、ザイム真理教にとって教義に反する政策です。そこでザイム真理教は躊躇なく異教徒である安倍元総理を徹底的に叩き潰します。

安倍元総理の没後に出版された『安倍晋三回顧録』（中央公論新社）では財務省との軋轢もはっきりと書いてあります。安倍元総理は財務省の扱いにかなり手を焼いていました。曰く、普通の役所なら総理大臣が指示を出したら「そうですね」と言って、総理の言うことを聞くのが当たり前。ただひとつ例外なのが財務省で、「デフレをまだ脱却できていないのに、消費税を上げたら一気に景気が冷え込んでしまう。だから何とか増税を回避したかった。しかし、予算編成を担う財務省の力は強力です。彼らは、自分たちの意向に従わない政権を平気で倒しに来ますから」（『安倍晋三回顧録』より）

と、ザイム真理教の本質を見抜いていました。日本は有権者が国会議員を選出し、その議員が総理大臣を決める間接統治制です。これが財務省の役人にかかれば、まるで自分たちが総理を決めるとばかりの振る舞いです。世界でも官僚が国を牛耳っているなんて日本以外ではあり得ないでしょう。

「消費税」を容認した安倍元総理

実際、消費増税についても、安倍元総理は徹底抗戦して2度の延期で対抗してきました。1度目は２０１４年11月に、民主党と自民党、公明党による三党合意で決まっていた２０１５年10月の税率10％への引き上げを２０１７年４月に１年半延期しました。

そして２０１６年６月には再度２０１７年４月の税率引き上げを２０１９年10月に２年半延期して、再々延長もにおわせましたが、このタイミングでなぜか安倍元総理周辺で「森友学園問題」や「加計学園問題」などスキャンダルが相次いで噴出します。

すると、これまで財務省に対抗して政治主導による官邸政治を進めてきた安倍元総理のスタンスが一気に腰が引けてしまいます。

なぜか？　それは妻の昭恵夫人があまりにも天真爛漫という弱点を突かれたのが大きかったからでしょう。家族を人質に取られては、どんな強面でも相手のいうことを聞いてしまうのは人間の真理です。２０２４年10月に神奈川県横浜市で発生した闇バイト集団による強盗殺人事件では、被告の一人が「家族に危害を加えるぞ」と脅され犯行に及んだことを証言しています。弱みを握られると安倍元総理ほどのタフネゴシエーターでも人間は脆いものです。

安倍元総理も「モリカケ問題」に加えて、２０２１年4月に開催された「桜を見る会」を巡る私物化疑惑についても昭恵夫人に批判の矛先が向いて、集中砲火のターゲットになります。これには、タフな安倍元総理でも相当こたえたはずです。

しかも昭恵さんを守るために、財務省の職員が、森友学園の国有地払い下げにおける決裁文書を改ざんしていたことも発覚します。財務省の意図的なリークかはわかりませんが、このことで安倍元総理は財務省に「大きな借り」を作ることになります。これまで財務省に対して強気一辺倒だった安倍さんも妥協せざるを得なかった。その結果が消費増税だったのではないでしょうか。

そもそも森友学園問題は、財務省の影がちらつく不可解な事件でした。安倍元総理が財務省の策略により屈服させられてしまったことで、日本経済の大転落をもたらしてしまったわけです。

石破内閣は財務省の「言いなり」

本来だったら、安倍元総理は通貨発行益を使って、冷え込んでいた景気を活性化させるべく経済対策をしないといけませんでした。ところが、財務省は徹底的にガードして逆襲に打って出ます。

安倍政権後半で何が起こったかというと、急速に、プライマリーバランス（基礎的財政収支）上の赤字が減っていきます。

実は安倍政権の末期は、ほぼ財務省の言いなりです。その後の岸田政権もしかりで、石破政権に至っては、もはや財務省の傀儡政権のような有様です。

結果的に、２０２４年度の税収は過去最高を記録し、プライマリーバランスは２０２０年度が80兆円の赤字だったのが、２０２５年度は８０００億円の赤字と１００分の１まで減っています。

つまりわずか5年間で財政赤字を１００分の1まで一気に緊縮させたのです。財務省にとって、いかに安倍元総理が煙たい存在だったかの証左でしょう。

まさに財務省は我が世の春を謳歌しているのです。

しかも、財務省は税収の過小推計までしているだけに、実質的には黒字を達成している。それでも政権基盤の脆弱な石破総理は「財政健全化の旗を降ろすことはない。プライマリーバランス黒字化を目指すという方針」と、まるで財務省の代弁者のような発言で、安倍元総理なき日本政府は、ザイム真理教によって完全に支配されています。

石破内閣には安倍派出身の閣僚はほとんどいません。それは財務省が安倍派の存在を抹殺したいからにほかなりません。裏金問題の本質は、パーティー券で資金集めをしてキックバックして、政治資金収支報告書に記載しなかっただけ。これは自民党全体の問題だったのに、安倍派に矮小化したのは、アンチを排除したいという財務省の狙い通りだったのでしょう。

「スキャンダル」リークこそ財務省の得意技

私は歴代総理の動向からも明らかに安倍元総理が、財務省によるスキャンダルリークに屈してしまったことが残念でなりません。「年収１０３万円の壁」で一躍クローズアップされた国民民主党の玉木代表にしても、私は２０２４年10月27日の衆議院議員総選挙の結果を受けて「スキャンダルが起きなければいいが…」と思っていた矢先、グラビアアイドルとの不倫スキャンダルに襲われ一時は失脚すら危ぶまれました。

結局、女性スキャンダルよりも政策の実現をしてほしいという世論の空気もあり……玉木氏は何とか生きながらえましたが、一歩間違えば政治生命すら奪われかねない難局でした。

こうしたリークによるスキャンダルで政敵を追い落とすのも財務省のやり口です。2000年代前半に大活躍していた経済評論家もテレビで財務省批判を繰り返していた矢先、盗撮容疑で逮捕されます。真相は藪の中でしたが、あまりにもタイミングのよすぎる逮捕劇に、同業者として背筋が寒くなりました。

2009年に、自民党政権に不満を持つ有権者による怒りの得票で満を持して誕生した民主党政権も、スキャンダルで足をすくわれました。鳩山由紀夫内閣は就任からわずか100日も待たずに、献金の虚偽記載疑惑が発覚。しかもその献金が実母による献金だったことから6億円以上の追徴課税が言い渡される（うち1億3000万円が時効により還付）など党内スキャンダルが続出。鳩山氏の後を継いだ菅直人氏もすぐに籠絡された。

期待された野田佳彦氏は、民主党政権になる前までは、

「増税なんてとんでもない。消費税増税なんてとんでもない。まずはシロアリ退治が先決だ。そのためには行政のムダを徹底的に排除することによって、税金を適切に使えばいい」

と財務省に対し敵意むき出しでした。

ところが、鳩山内閣で財務副大臣になるや、財務省からの「ご説明」という布教活動で見事に洗脳されます。結果的に総理大臣になるや「増税派」に宗旨替えをして、2012年に消費税10％を決めた三党合意まで一気に突き進んでしまったわけです。

財務官僚出身の高橋洋一氏によれば「野田氏はわずか3カ月で完落ちした」と一刀両断しています。アンチもシンパに変えてしまう財務省の洗脳教育は総理大臣ですら簡単に味方につけてしまうのです。

わずか3カ月で「完落ち」した野田元総理

アメとムチ「税務調査」という言論弾圧

それどころか、メディア関係者や新聞社などザイム真理教の教義に批判的な個人や組織に対しては、アメではなくムチで恐怖を植え付けます。それが「税務調査」です。世界の中で唯一日本だけが財務省という歳出を決定する機関と、国税庁という税金を徴収する役所が一体化しています。財務省に逆らうと税務調査が来るというのは常識です。しかも税金と経費の範囲がどこまでかを決めるのは国税調査官による自由裁量です。

例えば新聞記者が取材で出張に行ったとします。取材が終わって、その足で観光や食事をしたとすれば、すべて経費の申請を否認できます。簡単に言えば、1%でも仕事以外のことに使った経費があれば全額否認できてしまうのです。たとえ、サラリーマンでも例外はありません。財務省に逆らう論評を続けた大学教授が、数千万円の追徴金を取られるといったケースもあるそうです。

怖いものなしに見えるメディアですら税務調査には震え上がります。例えば消費税増税に反対していた東京新聞は、親会社の中日新聞に税務調査が入りました。増税反対キャンペーンを展開していた朝日新聞もしかりです。

私が2000年から2004年に出演していた「ニュースステーション」の突然の終了も怪しいと思っています。ニュースステーションは久米氏の意向もあって民放でもかなり強烈な増税反対のキャンペーンを繰り広げていました。久米氏もスタッフも非常に士気が高くて、増税問題だけでなく現場のモチベーションも高かったにもかかわらず、突然、久米氏が「十分にやった、スタミナ切れ」と2003年7月に番組卒業を宣言。ニュースステーションはあえなく、翌2004年の3月で幕を閉じてしまいます。

私は番組の終了理由には懐疑的です。何らかの圧力があったことは十分可能性があるのではないかと思っています。しかし、その真相は世間には一切伝わってこないのです。

しかし、翌2005年から不思議なことが起こります。テレ朝の大株主である朝日新聞に税務調査が隔年で入るようになります。すると天下の朝日新聞でさえ、あっさりと手のひら返しをして、「減税をするなら財源を確保しないと」と、まるで財務省のスポークスマンに成り下がっています。

2024年12月30日の朝日新聞の一面での連載「100年をたどる旅~未来のための近現代史~」では「戦前も吹き荒れた大蔵省批判　蔵相は射殺、その後の日本が進んだ道は」と題して、私の著書『ザイム真理教』や国民民主党やれいわ新選組の減税案を俎上に載せて、財務省にはかつてのような権威はなく、「ひと言でいえば四面楚歌」と、財務省がまるで弱者かのような論調の記事を掲載しています。

また100年前の2・26事件を振り返りつつ、財政均衡論に対する批判の高まりが軍部の不満と暴走を招き、高橋是清蔵相の暗殺とその後の戦争につながったという歴史観を主張して財務省を擁護しています。

しかし、高橋是清蔵相は濱口雄幸総理と井上準之助蔵相の緊縮財政がもたらした昭和恐慌を脱却するため、思い切った財政出動に打って出た積極財政派で、財政緊縮とは真逆の政策を採った蔵相でした。

もはや朝日新聞は、歴史的事実を歪曲してまで、財務省を擁護する財務省のスポークスマンに堕してしまっています。

これまでの朝日新聞からは考えられない「宗旨替え」は、ひとえにザイム真理教による「アメとムチ」を使い分けた洗脳にあったのでしょう。気骨ある権力をチェックするという気概にあふれた朝日新聞の凋落により、大手メディアによる財務省批判はもはや風前の灯火です。

第5章

奴隷化が加速する日本社会

「死ぬまで働け」という国のメッセージ

結果的に、財務省や厚労省などの官僚による日本人総奴隷化政策の目標は「1億総ブルシット・ジョブ」なわけです。「ブルシット・ジョブ」とは英語で「取るに足らないどうでもいい仕事」という意味です。つまり官僚は、国民を税制や社会保障制度を維持するための道具ぐらいにしか考えていません。

特に官僚が敵視しているのが専業主婦と悠々自適な高齢者です。

国民年金ひとつとっても年金の保険料納付期間を40年から45年に延長する案が浮上しています。今のところ、2025年度の税制改正で議論される見込みで、これが決定すれば、無職の人や自営業者、フリーランス、パートタイマーまでが影響を受けます。国民年金の月額保険料は2024年末現在で1万6980円。夫婦では3万3960円です。5年間の総額は、実に203万7600円の負担増となります。

これでは、60歳で定年を迎えて、その後は働かずに悠々自適という老後の人生設計はよほどの蓄えがない限り、ほとんど不可能になりつつあるのです。

さらに、遺族年金も２０２５年度予算での見直しが確実視されています。これまで59歳以下で専業主婦の夫が亡くなった場合、厚生年金の４分の３が生涯支払われていたものが、改正されれば、夫が59歳までの場合には、遺族年金が５年で打ち切られるという制度に変更されるというのです。

２０１７年に配偶者控除の特別控除枠も大幅縮小しましたし、配偶者控除も今後廃止する方向で話が進んでいます。

世界中を見回しても日本が一番、専業主婦に厳しい税制を取っています。例えばアメリカやドイツのような先進国では「２分２乗課税」というのが決められています。

夫婦の片方が働きに出て、もう一人が専業主婦（夫）の場合と夫婦共働きでは税金は変わらないのが一般的です。ところが、日本の場合だと家庭を専業主婦が守って、夫だけが働きに出ると途端に税率が高くなる制度設計になっています。

しかも今回厚労省は、容赦ない決定をして2024年10月より「年収106万の壁」を改正しました。社会保険料の適用される事業所の条件が緩和され、より社会保険料を徴収されるパートが増えることは確実です。つまり皆から社会保険料を徴収する。チマチマ働くというのも許さない。フルタイムで、女性も高齢者も生まれてから死ぬまで働き続けろと。それこそ「奴隷化」なわけです。

「老後には2000万円が必要」というメッセージに隠された政府の意図は「もう年金はあてにしないでください」ということです。そして「生涯にわたって働き続けてください」というのが政府の本音です。

「死ぬまで働け戦略」は、しっかりと政府の長期計画に取り込まれていて、覆ることはありません。こうした専業主婦や高齢者イジメは、要するに政府からの「一生働かないと生きていけないぞ」というメッセージなのです。

富裕層がほくそ笑む「年収1億円の壁」

5年に1度公表される「財政検証」は、国民年金や厚生年金の今後100年に維持できるかどうかをチェックするものですが、2024年7月に公表された最新の「検証」では、長期にわたる実質経済成長率が、どの程度になるかと4つのケースを想定してシミュレーションしています。試算では40年間働いたサラリーマンの夫と専業主婦の夫婦の年金額をモデルケースとして計算。その上で現役世代の平均収入を100

%として、年金世帯の収入をいわゆる「所得代替率」として指数化し、50%を下回らないことが義務化されています。

報道によれば、実質経済成長率がプラス成長で推移すれば、所得代替率は57%と制度維持ができるばかりか、過去30年の平均的な成長率であるマイナス0・1%成長でも所得代替率は50・4%で、依然として年金制度は維持できるとしています。

ところがほとんどの報道はここまでで、1人当たりの成長率ゼロケースで示されるマイナス0・7%のシミュレーションの結果は、ほとんど知らされていません。シミュレーションでは、2059年度に一階部分にあたる国民年金の積み立てが枯渇します。さらに制度運営を継続した場合には、保険料と税金のみでの運用となり、所得代替率も33〜37%台に落ち込むと試算されています。つまり年金の給付水準が大幅に減少されることが予想されています。

このマイナス0・7%成長というのは、決して大げさな数字ではありません。20

１０年から２０２０年までの実質賃金の伸びはマイナス０・７％でしたから今後、世界的な景気後退が起これぱすぐに実質賃金の伸びが大幅なマイナスに落ち込む可能性は高いでしょう。そうなった場合に備え、年金給付水準が減額されることを想定し準備しておくことが必要です。私の試算でも夫婦２人の月額の年金収入が現在22・６万円だったものが、将来的には13万円前後にならざるを得ないことが予想されます。

２０２３年の総務省の「家計調査」によれば、２人以上世帯の平均支出は、31・８万円。月の赤字額は実に19万円に上ることとなります。１００歳まで生きる前提で計算をすれば実に、65歳までに７９８０万円もの貯蓄が必要となるのです。もはや奴隷化の道を選んで生涯ブルシット・ジョブに捧げたとしても満足のいく蓄えを貯めることはできません。

年金の繰り下げ受給で年金の手取り額を増やすという考え方もあるかもしれません。しかし、あまりお勧めできるものではありません。年金の受給開始を66歳から75歳の間まで繰り下げることで1カ月遅らせるごとに0・7％受給率がアップします。しかし、現在の日本人男性の健康寿命の平均は72歳です。75歳から年金を受け取るというのは、現実的ではありません。介護施設に入るようになってから割り増しされた年金をもらってももはや使い道はありません。

その一方で、じゃあ富裕層はどうなっているかというと「1億円の壁」というのがあります。年収が1億円を超えると所得税の収入に対する負担率がすごい勢いで下がっていきます。

その仕組みはこうです。一般にサラリーマンの給料や自営業者の所得は、総合課税で累進課税が大半を占めます。ところが富裕層の場合、所得が大きいほど株式の譲渡益や配当金による不労所得の割合が増え、税率が20％程度の分離課税が適用される所得の割合が増えていくのです。

さらに社会保険料負担には、もっと大きな壁があります。現在、厚生年金の保険料

申告納税者の所得税負担率（令和2年分）

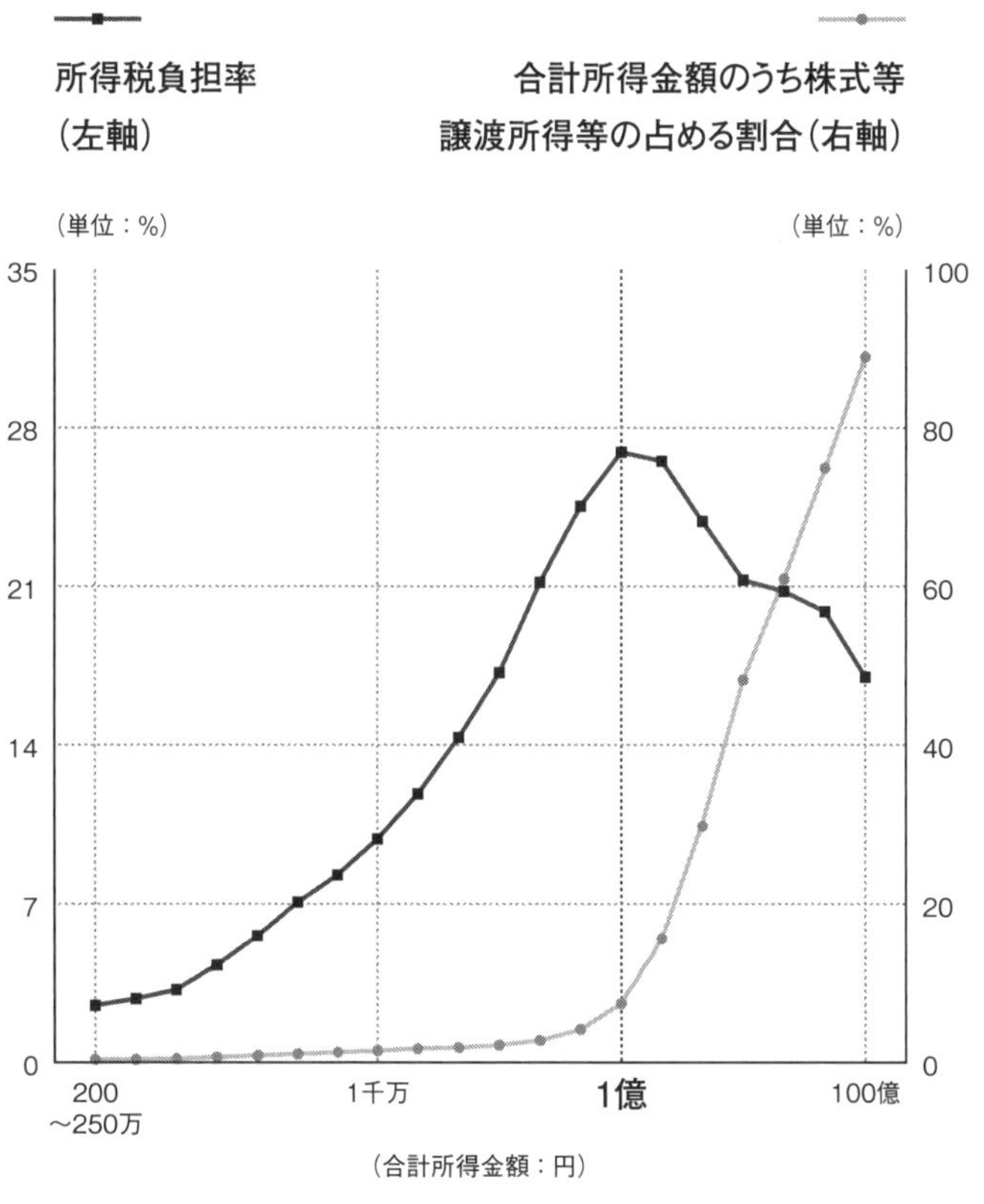

（出所）国税庁の申告所得税標本調査

負担は、月収65万円のところで打ち止めになり、それ以上はいくら稼いでも超過分に保険料は課せられません。健康保険料も月収89万円を超える部分からは徴収されません。

社会保険料は、一般のサラリーマンにも、年収のおよそ30%が課せられています。庶民が3割も取られているのに、富裕層も同じ料率というのは、あまりに不公平でしょう。

日本に蔓延する「ブルシット・ジョブ」

「資本論」の著者で知られるマルクスは今から150年も前に「資本主義が行き詰ま

る4つの要因」を挙げています。

①　地球環境の破壊
②　格差の拡大
③　少子化が止まらなくなる
④　ブルシット・ジョブ（くそどうでもいい仕事）が増えすぎる

特に、日本では2024年になって岸田前総理が掲げた「異次元の少子化対策」が始動していますが、児童手当の拡充や出産費用の保険適用などがあるものの、少子化に歯止めがかかっていません。

なぜ日本では少子化が止まらなくなるかというと、資本家というのは、労働者が仕事で提供した労働力に対して、帰宅してから翌日に労働力を回復し、会社に出社できる程度の最低限の賃金しか支払わないことで、利潤を最大化するからです。子育て世

代の場合では、子供を産み育てるまでの賃金は払いません。なぜなら資本家にとっては、育児費用を負担することは何のメリットもないからです。これが資本家の本音です。

資本家は減税も嫌がります。これは奴隷である庶民が、生活に必要以上の十分な賃金を与えてしまうと反乱を起こしてしまうからです。大げさな話ではありません。お隣の韓国にしても中国にしても為政者は、庶民の反乱を極度に警戒しています。日本もしかりで、格差が広がり、資本家が札びらで頬をひっぱたいて庶民をブルシット・ジョブに従事させ支配する。これこそ、ハゲタカ外資や財務省及び財界が進めてきた日本人奴隷化計画であり、日本経済の実情なのです。

ブルシット・ジョブは、今や日本の労働環境を激変させています。特に若者はブルシット・ジョブに追われ夢も希望もない生活を送っています。これでは、いくら少子化対策をしたところで、事態は改善の方向には向かわないでしょう。

実際に若者たちの切なる声も私は直接本人たちから聞いてきました。ギグワークと言われるスキマ時間を使ったバイトにしても今やスマホ携帯のアプリに指示が届いて、その命令通りにひたすら作業をする。

自転車でファストフード店の商品をピックアップして、指定された住所に届けるだけ。あるいはコンビニに立ち寄って荷物を受け取って運ぶだけ。面白くも何ともないわけです。

ジャーナリストの横田増生氏が潜入レポートした『潜入ルポ　アマゾン帝国の闇』（小学館）によれば、アマゾンの物流施設にしても、どこの棚に目的の商品が置いてあるからそれはなるべく早くピックアップして物流用のかごに置いていくという単純作業です。

作業員は支給されたハンディターミナルに届いた指示通りに動くだけでなく、指示が来た瞬間にカウントされる効率的なピックアップの秒数に間に合わせないといけない。１日の終わりには、時間以内にピックアップが間に合わなかった回数が自動的に積算され、成績が悪ければスーパーバイザーから叱責される。

そんな非人間的な仕事が非正規雇用のみならず、実は正社員の人たちにも同じようなことが起きています。正規非正規を問わず、くだらない仕事、意味がないという仕事を上司の命令で無理やりやらされているのが、現在の日本の職場環境なのです。

若者の都心暮らしは「現代の奴隷」

都心での生活はお金がかかります。小さなワンルームのアパートでも家賃は10数万円。帰り際にコンビニに寄って夕ご飯を買って食べて寝るだけの会社と家を往復する生活です。だけど、コンビニの弁当だけではとても体がもたない。

そこで若者に人気のエナジードリンクで無理やり体を鼓舞するしかない。次第に、エナジードリンクでは飽き足らず、1本3000円もする栄養ドリンクを毎日のように常飲する。

気づけば、毎月の赤字が積もりに積もって借金生活です。そうなると借金を返すための自転車操業の残業生活が始まります。まさに現代の奴隷です。

もはや学生時代の頃に憧れたクリエイティブな仕事とはまったく無縁な生活です。こんな無意味な生活を送っている若者ばかりになったら、日本の社会からはとても新しい産業なんて生まれるはずはありません。

「こんな暮らしは嫌だ」「老後の展望も何もない」

これが若者の本音なのです。

高級官僚は特権階級

ここに至るまで、財務省がやりたい放題で庶民に重税を課すようになったことで、今や税や社会保障の国民負担率がほぼ5割にまで増えてしまいました。令和の時代になって庶民は食えなくなっている。

一方、財務官僚は30代の課長補佐の平均年収が719万円。40代の課長で年収1260万円と、庶民との格差は、ますます開きつつあります。

そして年収だけでは比べられない特典が財務官僚にはあります。それが「天下り」です。２０２３年度の財務省及び金融庁の天下りは、総計４１０人で、官僚全体の27%を占める割合になっている。しかも10年前と比べても10%以上増えているのです。

天下り先の最高峰である日銀総裁の年収をご存じでしょうか。内閣総理大臣は４０６１万円に対し、日銀総裁は３８３８万円とほぼ同じ年収を誇っています。今でも財務官僚は、庶民から見れば日本を牛耳る特権階級なのです。

実はそれだけではありません。トップクラスの天下り官僚は、企業の社外取締役を兼務し、さらに企業の相談役や顧問も複数兼務して、総年収は3億円から4億円に達すると言われています。信者に厳しい生活を強いながら、教祖や教団幹部は豪華な暮らしをするというのも、カルト教団の大きな特徴なのです。

江戸時代より厳しい現代社会

これは、江戸時代からの日本の歴史を見ても危機的な状況にあるのは間違いありません。徳川家康が江戸幕府を開いた時に、租税徴収を四公六民と定めました。つまり米の全収穫量のうち、4割を年貢で納めて、残りは農民の生活に充てられるようにしました。

なぜ家康は五公五民ではなく四公六民にしたかというと、農家が米を収穫するまでには様々な経費がかかります。種もみに始まり、たい肥や鍬などの農具も必要です。その経費分を差し引いて、四公六民にしたのが江戸の初期でした。ところが幕府の財政がひっ迫し、八代将軍徳川吉宗の治世になると、「享保の改革」を行い、年貢を五公五民にまで高めてしまいます。

すると日本国内で一揆が頻発します。さらに農民の中から「逃散」といって年貢の厳しい取り立てに耐えきれず、土地畑はおろか、家族も捨てて文字通り逃亡してしまう人たちが続出しました。自由な移動が許されていなかった江戸時代においては、大きな社会不安を招く結果となったのです。

２０２４年10月27日の衆議院議員総選挙での国民民主党の躍進と「年収１０３万円の壁」に対する庶民の期待感の表れは、これまで減税もせず30年間ステルス増税を続けてきた財務省への静かなる抵抗の始まりです。もし自公与党が、このまま「１２３万円の壁」で、大多数の国民が５０００円から1万円程度の減税でごまかせれば十分と思っていたなら大いなる勘違いです。

第6章
新NISAは「地獄の入り口」

暴落前夜の株式市場

税金や社会保障のみならず、庶民のなけなしの老後資金も狙われています。岸田前総理は2023年6月30日のメッセージで「貯蓄から投資へ」と新NISA制度の拡充を宣言しました。非課税投資枠として、成長投資枠は年間240万円、つみたて投資枠は年間120万円の1年間で計360万円。保有枠も5年間にわたって計1800万円が非課税枠として運用できると、老若男女問わず人気を博しています。毎月1兆円もの資金が新NISAに流れ込んでいるのです。特に、ブルシット・ジョブ世代の若者たちは、金が金を稼いでくれることが唯一の希望の光とばかりに、有り金をはたいて投資に手を染めています。

だからこそ言いたい。預貯金をはたいた全力NISA買いこそ危ないと。私は今、

新 NISA には罠がいっぱい

人類史上、最大のバブルが世界中で起きていると考えています。それだけに、日本の株式市場がバブル後の最高値を記録した2024年の夏に「日経平均が2000円になるかもしれない」と言ったところ、袋叩きにあっています。それでも私は本気で株式市場が暴落すると思っています。

なぜなら1929年から1932年の世界大恐慌では、ニューヨークダウの平均株価は89・2％も下落をしました。日本のバブルの崩壊では「失われた20年」と言われ、1985年12月29日には3万8915円87銭を記録。その後、2008年10月28日にはリーマン・ショックの影響で株価が一時、6994円90銭の安値を記録しています。つまり、最高値から約82％も下落しています。株式市場というのはバブルと暴落は避けられないというのが、株式市場100年間の教訓なのです。

繰り返されるバブルの歴史

ましてや世界恐慌が起きた1920年代のアメリカというのは自動車産業と家電産業において、アメリカが圧倒的な競争力を持っていた時代です。当時、日本で走っていたタクシーはすべてアメリカ車だったほどで、まだ日本の第2次産業はまったくアメリカの足元にも及びませんでした。

家電にしてもウェスティングハウスとかGEの冷蔵庫やゼニス社のラジオ、家庭用のテレビなども出始めた時期です。当時は「アメリカ発のニューエラ（新しい時代）が到来した」と礼賛し、「アメリカの繁栄が永遠に続く」と誰もが信じ込んでいました。

確かにアメリカの第2次産業は世界に冠たる強さを誇っていましたが、株式市場は極端に高く評価されていました。どんなに強い産業でも、それをはるかに上回るような株価がつけば、その反動は当然来るわけです。

1929年10月24日の暗黒の木曜日、ニューヨークの市場開始早々、ゼネラルモーターズの株式に大量の売り注文が入ります。そこから会社を問わず、大量の売り注文が入ったのです。そこから一気に大暴落が起きてしまいます。その後も世界は何度もバブルと大暴落を繰り返します。

1999年から2000年にかけて、アメリカではインターネット産業が勃興し、マイクロソフトやインテル、デルなどのIT企業の株価が暴騰する「ドットコムバブル」に沸き立ちます。ところが2000年3月から株価が急落。その翌年には「9・11」もありアメリカの株価は暴落します。

結果的にニューヨークダウは2000年3月10日には取引時間中の最高値5133ドルを記録しますが、2002年10月10日には1108ドルまで下落します。高値か

世界恐慌の再来が近づく

らの下落率は実に78％となり、日本の株式市場にも非常に大きな影響を与えました。

その再来が、世界市場を席巻したＥＶ（電気自動車）バブルです。ＥＶは地球環境に優しいことからエコロジー社会の象徴として、イメージ先行で大いにもてはやされました。ところがフタを開ければ、最初こそ流行りモノ好きが飛びつきましたが、一般庶民にも普及し始めると、「冬場に充電ができない」「充電池の寿命が短くて走行距離が短い」といったバッテリーの不具合が次々と明らかになります。

例えば、ドイツのメルセデスベンツは全車種をＥＶ化するとまで宣言していましたが、あまりにも評判倒れだったことから、全車ＥＶ化をすべて反故にするなど混乱に陥りました。一方、ＥＶ化に乗り遅れていたトヨタは長らく「ハイブリッドカーは時代遅れ」と言われてきましたが、今世界で一番売れているのは、ハイブリッドカーです。この時点で、電気自動車というのはポジショントークだというのは明らかになります。

ところが、ここでも巧妙なポジショントークに投資家は騙されてしまいます。

「EVは電気で動くことが重要ではなく、車が家電製品のようにすべて電子化されて制御される。これからの自動車は、自動運転などのAI（人工知能）技術を搭載した新しい移動手段として進化していく。これからの時代はAIの進化なしには語れない」

ここからAIブームが単なるIT技術を超えた「100年に一度の大発明」として、投資ブームを牽引するようなキラーワードになります。

人工知能が進化するためには大量の高性能な半導体が必要となります。そこでクローズアップされたのが、アメリカの半導体メーカーのエヌビディアです。今やアメリカ市場の動向はエヌビディア1社が引き上げていてバブルを維持しています。

2024年11月7日に記録した最高額149・43ドルにより、エヌビディア1社の株価が約3兆6000億ドル（約559兆円）を突破し、日本のGDPに匹敵するというのは、常識的に考えればバブル以外の何物でもありません。

「既存技術の焼き直し」がバブルを生む

さらに、ＡＩブームの延長線上にあるのが宇宙開発ブームです。高性能なＡＩチップを大量に積んだロケットを民間企業が飛ばせる時代が到来しました。まさにアメリカのトランプ大統領の最側近であるテスラ創業者のイーロン・マスク氏が経営する「スペースＸ」もまたＡＩブームに便乗したバブル企業の最新型です。

現在進行中のバブルはもはや末期的です。本来ならリーマン・ショックで崩壊したはずだったバブルが、弾ける前に巧妙なポジショントークにより、新たなバブルに乗り換えて延命しているのです。その結果、バブルは1924年から1932年の金融恐慌のスケールをはるかに超えて、未曽有のレベルにまで膨れ上がっているのです。

経済学者ガルブレイスの分析によれば、バブルが起こるのは、画期的な製品によるものではなく、むしろ既存の製品をさも新しい製品であるかのように見せつけて売りつけた結果がバブルにつながるのだと指摘しています。

実際、電気自動車というのは、終戦直後から市販の電気自動車が発表されています。インターネットもしかりで、実は1960年代にアメリカ軍の諜報技術として開発され実用化されています。携帯電話に至っては、1970年に行われた大阪万博の構内電話に使われていたのが実用化されて最初のお披露目となっています。技術的にはすでに1960年代に開発が進んでいたわけです。

今やバブルとなっている宇宙開発についても、アポロ11号が月に着陸を果たしたの

アポロ11号から「宇宙開発」に進歩なし

が1969年ですから、現在のバブルのテーマになっているものはすべて1960年代に出そろっていた。革新的なイノベーションは何も起こっていないのです。

考えてもみてください。日本にも宇宙開発のベンチャー企業があまた出てきていますが、彼らの一番の目的は月面での生活です。冷静に考えれば、月面で生活したところで何のメリットがあるのでしょうか。月の土地を利用して農業でもするのでしょうか。わざわざ空気のない場所で農業をしなくたって、日本には二束三文で買える田舎の土地が、いくらでもあります。

「エブリシング・バブル」も終焉する

株式だけではありません。石油や金、銀、銅などのコモディティだけでなく、不動産やビットコインに代表される暗号資産はもはや天文学的な金額になっています。こうしたバブルの陶酔的な熱狂は、あらゆる投資商品が値上がりする「エブリシング・バブル」の様相を呈しています。

もはや実体の伴わないバブルなわけで、人類史上最大のバブルが、今まさに弾けようとしています。おそらく暴落の規模は、9割下落どころでは済まないと考えています。だから私は「日経平均が2000円になる」と、警告し続けているのです。

私は『投資依存症』(三五館シンシャ)という本を書く時に、バブルから前後の1988年から1989年にかけての経済紙や雑誌をもう一度読み返してみました。

バブルの絶頂期だった1980年代末の紙（誌）面といったら毎日がお祭り騒ぎです。雑誌記事は「日経平均は上がり続けます」と煽り立てます。大手証券会社の証券部長も「株式は上がり続けます。我々証券マンがどんちゃん騒ぎをしていても上がり続けますから」と、はしゃいだコメントは、直後にバブルが弾けて東京市場の株価が奈落の底に落ちたことを考えると哀れにさえ思えます。

まさに「1億総投資」を煽り続ける現在と見事に重なります。

歴史は繰り返します。1940年5月10日、ナチス・ドイツがフランスのパリに侵攻した時のことです。パリのダンスホールは満員の客であふれていて、皆踊りに酔いしれていたそうです。いつ戦火が広がってもおかしくない状況なのに、誰もが踊りを止めることができない。これが、現在の新NISAブームです。

1980年代バブルからITバブル、リーマン・ショックやチャイナショックだけでなく、昨年8月の「令和のブラックマンデー」などの暴落があっても結局、株価は持ち直して長期投資ならば、右肩上がりで資産が増えていくというのは、あまりにも夢見がちな発想ではないでしょうか。

日本のバブル崩壊にしても最終的に２０２４年にバブル後の最高値に戻るまでに35年近くの歳月を要したのです。おそらく、バブル期に老後資金を投資していた人は、投資額が元に戻った時には皆、天国で見守っていることでしょう。

今の暮らしを投げ出して、成り行き任せの新ＮＩＳＡ頼みの生活で、本当に幸せになれると思いますか。もう一度考え直してほしいと切に思います。

国策バブル崩壊で自宅を手放すことも…

２０２４年初頭の新ＮＩＳＡ制度のスタートにあたり、岸田前総理が旗振り役となって、

「これからは自分で老後資金を作ってください。新ＮＩＳＡですよ」

とアピールした効果は絶大でした。なけなしの老後資金をすべて新ＮＩＳＡにつぎ込んだ挙句、それがすべて溶けてしまう。

そのシミュレーションとも言えたのが、２０２４年8月5日の東京株式市場です。

わずか1日で日経平均が４４５１円安と過去最大の大暴落となりました。「令和のブラックマンデー」と呼ばれた大暴落で、新ＮＩＳＡで投資を始めたばかりの人の中

には、一撃で株式投資から退場した人も少なくなかったようです。これは株価がバブルから逆バブルになり始めた兆候だったと私は判断しています。

その後、株価はすぐに回復をし始めましたが、9月4日には再度、前日比1638円の暴落第2波が襲いました。

これから訪れる本当の大暴落はそんなものでは済みません。暴落した株が値を戻してきたかと思えば、忘れた頃に暴落を引き起こす。その繰り返しに耐えられるのは、資金が潤沢な富裕層ぐらいでしょう。

暴落したところで、さらに資金を投入するナンピン買いは、日本人が好きな投資法として知られています。株価が上がれば、最初に食らったマイナスを取り戻せますが、ズルズルと株価が下がれば、これこそ地獄です。

塩漬けになった株式や投資信託は換金できずに、庶民は老後のライフプランもすべ

新 NISA を広めた岸田前総理

て吹き飛んでしまって、年金だけじゃ食えなくなって皆、奴隷になっていきます。

ようやく定年を迎えて、悠々自適に過ごすための老後資金が瞬く間に消えてしまう。バブルで膨らみきった株式市場が弾ければ、若者も高齢者も路頭に迷う。持ち家のローンが残っていたら手放さざるを得なくなります。

そんな人生を棒に振るようなリスクを冒してまで投資をする必要があるのでしょうか。

「株は上がり続ける」は金融村のポジショントーク

私が、金融業界の人たちと話していて「闇が深い」と感じるのは、誰一人、現在のバブル相場が今後下がると公言しないことにあります。相場を予想して上がると思う人と下がると思う人の両方がいるのが、健全な株式市場のはず。ところが誰もがカメラの前では「上がる」と声をそろえます。実は個人的に聞くと「(今後の株式相場は)まぁ下がるだろうね」という人の方が多いんです。

私に言わせれば、

「だったらなぜ、あなたはメディアでそれを言わないんですか」

と文句の一つも言いたくなります。結局、

「株価が下がるなんて言ったら会社に帰れないだろう」

と冷笑します。すべては、株式市場に金を集めるためのポジショントークにすぎないんです。こうした「金融村」から発信される情報には、我々は疑ってかかった方がいいと再三警告をしてきました。

令和のブラックマンデーが起きた直後を思い出してください。証券マンは元より、著名な個人投資家やアナリストなど金融村の住人は口をそろえて「同じようなことは起こらない」と断言しました。なぜなら金融村の住人になれば、証券会社や銀行からの講演会の仕事が舞い込んでくる。このギャラが1回で50万円、80万円と桁違いの報酬がもらえます。ところが私が、現在の株式市場がバブルだと警告した途端、1つの証券会社を除いてすべてキャンセルになってしまいました。金融村から仕事を継続的にもらうためには「株式は上がり続ける」と言わないといけないのです。

私の場合はガンになったことで、病状が小康状態になった2024年の夏に生前整理をしました。

その一環で、投資商品も2024年7月11日にすべて処分しました。たまたまタイミングがよかったのですが、当日の日経平均株価は4万2224円。ドル円は160円台で、結果的に、三千数百万円の利益が転がり込んできました。もちろん、私は株価のピークを予測できたわけではありません。生前整理を進める中での偶然のタイミングでした。

ところがガンの治療は、一般的な標準医療に加えて、自由診療を含めると、月に120万円ぐらいが持ち出しになっています。先日、預金通帳を見るとこの1年ほどの間に残高が2000万円ぐらい減っていました。

私の家計は、講演のギャラは元より、印税やテレビやラジオの出演料はすべて会社に入っています。だから私は講演がすべてキャンセルになっても痛くもかゆくもありません。会社がリッチで、家計は火の車ですが、バブルの泡は点滴に代わっただけ。だから私は金融村から干されても何も怖くはありません。

ところが、金融村の住人たちはそうはいきません。濡れ手で粟で莫大な講演料をもらい続けるためには「株式市場は上がり続けていきます」と言い続けなければいけません。ならば、私が炭鉱のカナリアのように、「バブルは暴落します」と声を大にし

て危機を訴え続けなければ、庶民はいとも簡単に騙されてしまいます。

しかも証券業界のみならず、日本政府も２０２４年度補正予算で、ＡＩや半導体開発支援のために１兆５０００億円、宇宙開発関連に９０００億円もの予算が確保されています。

これには緊縮財政を国民に強いているはずの財務省はダンマリで、国内産業の振興策という名目でドブに金を捨てるようなことをしています。補助金を出せば、それが天下りポストの拡大に役立つからです。政府を挙げての投資奨励策が、待ち受ける未来もまた奴隷化への道です。

バブル期における投資商品とは

私自身は投資自体を否定しているわけではありません。ただ、未曽有のバブルの状況で高値掴みをしてほしくないので警告を発しています。株式売買の基本は安く買って高く売ること。私が現在やっているのは、日経の「Wインバース」というETF（上場投資信託）だけです。この商品は、株価が下がるとその倍上がるという商品で、例えば1％株価が下がると2％株価が上がる設計になっています。

なぜ「Wインバース」を買ったかといえば、私が「日経平均が2000円になる」と発言した途端に、アンチの人たちから「そんなに株が暴落するというのならショート（売り）を入れてみろ」と再三攻撃されたのでやむなく買っただけです。

老後資金の確保という意味では新ＮＩＳＡではなく、ｉＤｅＣｏ（個人型確定拠出年金）をお勧めしています。ｉＤｅＣｏは毎月一定額を積み立てることで60歳以降に、積立金を受け取る際に運用益が非課税になるほか、掛け金が所得控除の対象となり所得税や住民税の負担が軽減されます。

2025年度から退職所得金控除の期間が5年から10年に改悪されることのデメリットを挙げる人が多いようですが、ｉＤｅＣｏは新ＮＩＳＡと違って株式や投資信託だけでなく元本確保型保険や定期預金も投資対象として選ぶことができます。今の時代はまずはリスク商品は避けるべきですから元本保証の金融商品に預けて、非課税で老後資金を確保する方が賢明です。

世界的なインフレが気になる人ならば、老後資金の一部なら純金の積み立てで備えるのもありでしょう。

第7章

脱奴隷化のための「一人社会実験」

コロナ禍での「一人社会実験」

ここまで、日本で40年以上にわたって進んできた国民奴隷化計画の全容について、時系列を追って説明してきました。私は1980年代半ばから日本における格差の問題を論じてきましたが、今ほど格差の開いた時代はないと思っています。その行き着く先が一部の富裕層と、ブルシット・ジョブに明け暮れる奴隷になった国民の2極化です。

私自身もこの問題に直面しました。新型コロナウイルスが大流行した2020年の春、これまで順調だった仕事が軒並みキャンセルになって収入が大幅に減ってしまったのです。

それまで私の生活は、2拠点生活でした。平日は都心のマンションで寝泊まりをして、週末に自宅のある埼玉県の所沢に帰っていました。週末は講演の依頼も多く、家を空けることが多かったのです。仕事自体は充実していましたが、育児はもっぱら妻任せ。近所の住人の顔もわからずじまいでした。

ところが、生活が一変。自宅に引きこもりの生活が始まります。そんな矢先、新型コロナの影響で「東京近辺から来ないように」と県間移動の自粛が求められる緊急事態宣言になり、2018年から続けてきた群馬県昭和村にある「道の駅あぐりーむ昭和」が運営する10坪ほどの畑での週末だけの「農業体験」を中断することになったのです。

私にとって、農業体験は単なる土いじりではありませんでした。コロナによる収入減で老後生活をシミュレーションするための「一人社会実験」の場でもありました。

当初、農業に関してはズブの素人だった私は、ほとんどの農作業を道の駅のスタッフ任せでした。農地の整備から種や苗の準備……農作業の指導をイチから手ほどきを受けたのです。

実際、農作業をやってみると思いのほか重労働なことに気づかされます。雑草を抜く作業はとても大変で、立ったまま3時間も作業時間を要します。さながら長時間スクワットをしているような負荷があり、足腰が鍛えられます。運動不足の私にとっては一石二鳥で、小さな畑でも家族3人が十分なほどの野菜が収穫できるほどでした。

「トカイナカ」生活は「資本主義の論理」とは無縁

しかし、私が住んでいた埼玉県の所沢は、私の言葉で言えば「トカイナカ」。都心から2時間ほどの郊外の住宅地ながら農地が豊富な自然が豊かな地域です。周囲を見渡せば、耕作放棄地も点在していました。そこで妻が近所の使われていない農地を探し出して、持ち主に頼み込んで借りられることになりました。

ところが、土地を借りたのはよいものの農業に関しては、まったくの素人同然のまま。土を耕すにも悪戦苦闘する有様でした。

そこで見かねた近所の人が耕うん機を貸してくれました。これまで2週間もかかっていた作業がわずか30分で終わってしまう。手探りしながら覚える農作業は一事が万事苦労の連続でしたが、近所に住む仲間の助けを借りながら、ようやくひと通り覚えた頃、土地を貸してくれていた農家のおじいさんが病気で亡くなってしまいます。

トカイナカでも農地の相続は大きな問題です。私は畑からの年内の退去を余儀なくされました。

森永氏の農園は「一人社会実験」

途方に暮れている私に周囲の農業仲間から「もうすぐあそこの土地が空きそうだからそっちを借りませんか？」と声をかけてもらいます。おかげで現在は1アール（約30坪）ほどの土地を借りることができて、20種類以上の野菜が収穫できるようになっています。

マイクロ農業を始めることで、私の生活は一変しました。雑草は一日で伸びますから、毎朝3時間ほどの農作業がルーティンとなり、完全に朝型人間になりました。私自身の一番の変化といえば、近所とのコミュニケーションが一気に増えたこと。2拠点生活から「トカイナカ」でのマイクロ農業で、畑をいじっているだけで、通りかかった近所の人が声をかけてくれるようになりました。

同じような趣味を持つ畑仲間の存在も欠かせません。彼らとの交流を通じて、収穫した野菜をおすそ分けしてもらったり、種や苗まで惜しみなく分けてくれたりします。さらには農作物の育て方についてもアドバイスをしてくれます。

私がガンになって入院し、いない時でも近所の畑仲間が畑の手入れをしていてくれました。もちろんボランティアです。「資本主義の論理」とは、まったく無縁の人間関係です。

夫婦月13万円でも十分暮らせる

おかげで収穫した作物で、自分たち家族の食事をまかなう「自産自消」ができるようになったのも、畑仲間の助けがあったからこそ。しかも、ここに住む畑仲間は私と同じ庶民ばかりです。会社のような上下関係もなければ、金銭のやりとりもない。土地の賃借料すらありません。

「自産自消」で生活防衛

よく取材で「畑を借りるといくらかかりますか？」と聞かれますが、せいぜい収穫した野菜をおすそ分けする程度です。もはや収入減を気にしなくても家族3人なら十分に生活できることがわかりました。

ここに奴隷化から逃れるヒントがあるのではないか？と、私は考えるようになりました。コロナ以降のスケジュールはスタジオ出演のラジオのために週に2、3日、短時間だけ東京に出かけるほかは、ずっと埼玉の家にいます。

結果的に「一人社会実験」は大成功でした。冬場こそ農作物は作れませんが、少なくとも食費は半分以下にすることは十分可能です。もちろんマイクロ農業だけで生計を維持していくのは不可能です。しかし、いざという時でも困らないだけの最低限の食べ物を自給自足できて、これほど心強いことはありません。

定年後、農業を始めた人たちが口をそろえて言うのは「平凡な生活の中で感じる幸せ」です。農業には企業で働いていた時ほどの刺激がなく、毎日平凡な作業の繰り返しです。でも日々大きくなる作物の成長はうれしいし、手塩にかけて育てたモギタテの完熟トマトを口にした時のおいしさは何物にも代えがたい。そんな平凡な生活の中に感じる幸せが農業にはたくさんあります。

「身土不二」という言葉があります。人は自分が住んでいる土地でとれる旬なものを食べることが、体の健康にも自然にとってもいいということです。いわゆる「地産地消」です。「マイクロ農業」はこれをさらに一歩進めた「自産自消」なのです。

食料の「自産自消」に飽き足らず、私は太陽光パネルを設置した自家発電で、家中の電気をまかなうことにしました。すると、自宅はおろか払っている電気代よりも売電により受け取る金額の方が多くなっています。

私の一人社会実験の結果、1カ月当たりの生活費は家族3人で月額10万円は全然かかりませんでした。これは大きな発見でした。月額10万円で家族が暮らせるなら、夫婦の年金が月額13万円になったとしても十分に生活は可能です。政府が煽った「2000万円問題」も即座に解決します。新NISAをきっかけに投資に手を出して全財産を溶かすなんて愚かなリスクも回避できます。

金融広報中央委員会「家計の金融行動に関する世論調査」によれば、世代別で日本人の貯蓄額が一番高いのが70代で、平均貯蓄額は3000万円以上が18・9%にも上ります。つまり死ぬ直前こそが一番貯蓄が多いそうです。これほど将来が不安だからという心理を的確に表した数字は他にないでしょう。多くの高齢者が死ぬまで生涯貯め続ける強迫観念に襲われています。

2020年に出版され今もロングセラーの書籍に『Die With Zero』(ダイヤモンド社)があります。要は「ゼロで死ね」という意味です。

現実的には難しくても、老後は好き勝手に生きたいというのは誰もが思う本音です。

でもそんなことをしなくてもライフスタイルを変えるだけで年金だけでも十分暮らしていけます。これからも、社会保障制度の維持のために、政府は年金の支給額をますます減らしていくでしょう。

「脱奴隷化」の最適解

残念ながら都心のマンションどころか首都圏のマンションでも平均価格が1億円に迫っています。1億円に到達するのも時間の問題でしょう。

ただ少し視点を変えて田舎に拠点を移せば、家と畑と山が数百万円で買えてしまいます。ならば、結末はバブルが弾けて大金を溶かしてしまう新ＮＩＳＡに投資するより、「トカイナカ」に拠点を構えた方が、投資として考えてもはるかに効率的なのはいうまでもありません。

現代の情報社会は、とてつもなく「つまらない」社会です。創意工夫の余地がないし、会社では皆、駒のような役割しか与えられません。今流行りの仕事といえば、ネット関連ばかり。それも道具のように働き続ける仕事です。そういう仕事ばかりになって、仕事が面白くなくなってきている。でも、農業ビジネスは金儲けの手段としてやらなければ、そんなしがらみとは無縁です。

若者世代なら、都会と田舎の間にある所沢市や入間市のような「トカイナカ」ではなく、完全な田舎暮らしにチャレンジしてもいいのではないでしょうか。自治体が移住者のために助成金を支給してくれるところもある。一定期間住むことを条件に無償で住宅を提供してくれるところもあります。

移住をして生活費を下げることで起業するビジネスパーソンも少なくない。彼らは「自給自足」に飽き足らず、起業が軌道に乗るまで地元の企業で働いて生活費を稼いでいます。

日本人総奴隷化計画への最適解は「トカイナカ」生活と太陽光パネルによる自家発電。それにより、私たちは、一度きりの老後生活を豊かに暮らすことができるのです。

奴隷生活から解放され、金のために人生をブルシット・ジョブで無駄に送ることから解放されるのです。これが世に知らしめたかった「一人社会実験」に対する答えです。

第8章
私の晩年

お金に翻弄されないことで幸せを感じる

２０２３年末、原発不明ガンによる余命宣告をされたことで、私は残りの人生で一切の忖度はしないと心に決めました。それはなぜかと言えば、将来を考えて我慢してウソを言う必要がなくなったからです。今は言いたい放題しゃべっています。65歳になった時、「これからは年金がもらえる」と自己規制をやめ本音の発言に努めましたが、どこかで遠慮していたかもしれません。ガンになったおかげで、これまでの人生で抱えてきたストレスからは一切解放されました。

本の執筆も思い遺したことがないように、精力的に書きまくりました。多分、この１年だけでも１００万部ぐらいは本を売ったのではないでしょうか。それでも私の創作意欲は衰えるどころか、ますます湧き出てきます。

最近では、寓話を作ることに熱中しています。私の場合、近所のスーパー銭湯に行って湯船に入っていると、3つぐらいストーリーが浮かんできます。この瞬間が目下、一番楽しい時間です。

元々、童話作家になりたいとずっと思っていました。その夢は2025年1月に講談社から『バブルが村にやってきた』という絵本を出版できて実現しました。もちろんこの作品は、私の40年以上の経済研究の成果を凝縮したもので、自信作ではあるのですが、童話の限界は、あくまでもターゲットが子供たちであるため、政治風刺や残酷なストーリー展開ができないことです。ならば童話じゃなくて寓話だと思い立って、今に至ります。

世界的に寓話作家として評価されているのはイソップ一人しかいません。イソップが生涯で大体７００作品書いています。とりあえず、それを抜くのが今の目標です。寓話集は第1集が出たばかり。３巻まではすでに書き終えています。それでもイソップを抜くには25巻まで書く必要があるんです。まだしばらく死ぬわけにはいきません。

なぜこんな話をしたかといえば、金に縛られずに自分のクリエイティビティを発揮し続けること。それが奴隷にならない一番いい方法だからです。私は常々言っています。

みんなアーティストになろうぜ！

お金に翻弄される人生から解放されれば、本当の幸せを感じることができる。これこそ私が実験の結果、辿り着いた人生の法則です。楽しいことには必ずしもお金は要りません。

落語好きが高じて私は笑福亭鶴光師匠の弟子にもなりました。師匠からは笑福亭呂光という芸名まで頂戴しました（名前にもエロが隠れています）。ところが、エロネタ専門の落語家なので、番組では放送ができないという致命的な欠陥があってお金には一銭にもなりません。それでも楽しいのです。

歌手デビューも私の目標のひとつです。長年、レギュラー出演しているニッポン放送のラジオ「垣花正　あなたとハッピー！」で2023年6月に、東京国際フォーラムでイベントを開催しました。会場は一番大きいホールA。4000人もの観衆の前で、垣花アナと組んだ「ホワイトバタフライズ」というユニットで3曲歌って踊ったことで、すっかり病みつきになりました。

それ以来、私の目標は寓話作家と並んで歌手デビューになりました。

今年に入ってパーソナリティの垣花正アナウンサーが自叙伝を出したので、出版イベントにも出演。そこでも「ノーギャラでよいので歌わせろ」とマイクジャックしたほどです。

元々オタク気質だった私は、サラリーマン時代からコツコツ集めてきたコレクションを展示するために、2014年にB宝館という私設博物館を自宅近くに作りました。12万点のコレクションには、初代からコツコツ集めたウォークマンや携帯電話、デジカメとかごみのような代物ばかり。子供の頃から集めていたミニカーに至っては、2万7000台ほど展示しています。

当初は入館料で博物館の維持費ぐらいはまかなえるかと思っていたんですが、フタを開ければ、これもまったくお金にはなりませんでした。赤字は毎年1000万円。

しかし、個人的にはまったくやめるつもりはありませんでした。何しろ家族経営で人件費はかからないし、固定資産税はかなりかかりますが、負担できない水準ではありません。

ところが開館7~8年経ったあたりから色々と、B宝館に問い合わせが来るようになりました。2025年といえば、「昭和100年」の記念イヤー。そこで、B宝館に展示品を貸してほしいというオファーが殺到したんです。意外なほど、昔のカメラやウォークマンといった家電製品って、残っていなかったようなんです。気づけば、今では直接経費がほぼまかなえるほどの大繁盛。結果的に自分のやりたいことをやっていれば、幸せになれるんです。これこそ私が学んだ奴隷化から逃れるための処方箋です。

第9章

「グローバル資本主義」は崩壊する

日本を「令和恐慌」が襲う

世界が大きな変革期を迎えていることは、皆さんも毎日のニュースを見ていれば気づくのではないでしょうか。2024年だけでも11月にはドイツの自由民主党と社会民主党と緑の党による連立政権が崩壊。12月には内閣不信任案が可決されフランスのバルニエ首相の内閣が総辞職。中東のシリアでは半世紀にわたって独裁政権を築いてきたアサド政権が倒れたばかり。韓国ではユン大統領が暴走して戒厳令を出したもののすぐに撤回。逮捕状まで出される始末で、世界全体の秩序が揺らぎ始めています。

日本でもすでにその兆候は現れ始めています。2024年10月27日の衆議院議員総選挙で自公政権が過半数割れを起こす結果になりました。実はこの選挙結果こそ、国民による社会への不満の表明です。この流れがこのまま終息するのか、政界再編になるのか。私は後者ではないかと考えています。しかもこれまでの政界再編のレベルでは収まらない大きな激変があると考えています。政府にもそろそろ国民を騙してきたツケが回ってくるのではないでしょうか。

石破内閣は増税路線で引き続き財政緊縮を標榜しています。その一方で、「日銀は財務省の子会社ではありません」とウソをついてまで日銀の独立性を強調。植田和男総裁の金利の引き上げを後押ししています。いわば財政と金融の引き締めに躍起になっています。

ところが、アメリカにしてもヨーロッパにしても景気は後退しつつあり、中国はデフレの真っ只中です。２０２５年は金融緩和に向けて舵を切っています。まったく世界の潮流とは逆の進路を進もうとしている。この先に待ち構えているのは「令和恐慌」です。

なぜなら日本は、世界的な景気後退を迎えつつある状況下で唯一、金融の引き締めをしています。日銀総裁の植田和男氏は、「金利のある世界」を標榜し、早ければ2025年春にも再利上げをしようと画策しています。そうなれば、日本とアメリカの金利差は縮まり、円安から円高に進みます。

日本の経済を牽引している輸出産業にとっては大きな痛手です。にもかかわらず財務省は緊縮財政によるプライマリーバランスの黒字化を目指しているのですから日本経済は、ますます失速します。

日本経済が墜落しようとしている時に、石破総理というパイロットはわざわざ逆噴射して地面に突っ込もうとしている。これこそ無謀の極みです。

石破総理は小泉元総理が連呼した「自民党をぶっ壊す」というフレーズを本当に実行している点では、歴史に残る総理大臣になるかもしれません。

「円高暴落」の危険性

石破総理の後ろ盾である岸田前総理は「投資から貯蓄へ」と株価が最高値に近い位置で、新NISAに誘導し高値摑みで、国民の蓄えを奪おうとしています。

新NISAによる投資マネーの多くは、利回りの魅力や分散効果を狙って、米国の「オルカン」（オールカントリー）と呼ばれる全世界株式やアメリカの株価指数「S&P」を丸ごとパッケージにしたドル建ての投資信託を買っていることが明らかになっています。

ところが、米国の株式や投資信託は購入時より円高が進むと、資産価値が目減りします。2024年のIMF推定の購買力平価では1ドル91円が妥当とされていますから、米国発の株価の大暴落が起きれば、株価や指数の下落のみならず、円高による為替差損も覚悟しないといけません。私は今後、日本発の「令和恐慌」により一気に円高が進むと想定しています。

つまり、米国株が下がらなくてもドル円が75円まで円高になれば現在の150円から160円のボックス圏で購入した米国株や投資信託の価値は半減します。当然、円高になれば株価も下がります。大暴落と円高のWショックが襲えば、私が主張している「9割の大暴落」はまったく不思議ではありません。

トランプのポジショントークにはかなわない

決定打は、1月20日に誕生したドナルド・トランプ大統領の返り咲きです。「グローバル資本主義」を象徴するトランプの再登板で、世界は大混乱に陥ります。
トランプ氏は自国優先の経済政策を掲げ、友好国と敵対国に分けて高関税を課すことを宣言しています。今のところ、日本に中国並みの30％という高関税をかけることはなさそうですが、少なくとも10％程度の関税がかかることになるのは決定的でしょう。
それどころかトランプ氏はビジネスマンですから、自国貿易が不利だと判断すれば、豹変して追加関税を課してくることも想定しておかないといけません。そうなると、1985年のプラザ合意後に日本を襲った円高不況の再来が起きるのではないかと危惧しています。

財政についても結果的にトランプ氏は拡大路線を掲げていますが、むしろ緊縮財政に舵を切るのではと思っています。

というのも、トランプ大統領の「影の大統領」と呼ばれ、トランプ政権の歳出カッ

トランプ大統領が資本主義を終焉に導く

トを主導する最側近のイーロン・マスク氏の動向が見逃せません。マスク氏も経営者として、買収した旧ツイッター社（現X社）の従業員を8割削減したことからわかる通り、グローバル資本主義の信奉者です。

イーロン・マスク氏は政府効率化省（DOGE）を主導し「小さき政府」作りにまい進すると言います。

トランプ氏が公約に掲げていた大型減税についても、庶民向けの減税はそれほどではないでしょう。むしろ富裕層や大企業向けの減税を引き続き手厚くすることで、インフレ対策にはマイナスと言われていますが、それほど大きな影響はないと見ています。つまり、パウエルFRB議長も手を焼いている金利の上昇は起きにくくなります。

そして何よりもトランプ氏によるドル安誘導のポジショントークの威力は絶大です。

為替取引の99・6%は、貿易などの実需ではなく、投機需要によって構成されています。そうなると、トランプ氏のドル安政策というポジショントークに乗らざるを得なくなります。

日本への利上げ圧力とトランプのドル安誘導により、2025年は強烈な円高ドル安をもたらすと私は見ています。

グローバル資本主義終焉後の社会

さらに、就任1年以内にアメリカファーストを掲げるトランプ政権により自由貿易は元より地球環境保護や核兵器の不拡散条約(NPT)も国益にかなわなければ、すぐにでも破棄してしまう。世界の警察と言われたアメリカ1強の時代は、トランプ在任中の2029年までに、いよいよ終焉します。

そうなれば、アメリカに不満を持つ陣営とアメリカの同盟国による衝突が起きるでしょう。すると様々な価値観が対立し、人種や国家を超えて百家争鳴の時代が来る。その結末が世界戦争になるのか世界恐慌になるかはわかりませんが、はっきりしているのは「グローバル資本主義」の終焉です。グローバル資本主義が行き詰まり、ガラガラと音を立てて崩壊し、新しい経済社会が誕生するのではないかと期待しています。

どういうことかというと、グローバルとは真逆の「ローカルな経済社会」が世界の潮流になるのではないでしょうか。大都市一極集中から地方分散へ。そして中央集権から地方分権へ。イメージ的には、小さな集落がクラスターのように無数にできて、その中で経済循環が起きるような社会です。

こうしたローカルな経済社会への移行を主張していたのが、「インド建国の父」マハトマ・ガンジーです。彼はとかく、自由貿易や工業の近代化に反対したことで知られていますが、その卓越した先見性は今こそ高く評価されるべきです。

ガンジーは資本主義に対抗して、どうしたら世界から格差がなくなり皆が幸せに生きることができるのかと考えました。そこで体系化したのが「隣人の原理」でした。これこそまさに、私がこれまで主張してきた「自産自消」「地産地消」「国産国消」の経済です。

近所の人が作った食物を食べ、近所の人が作った服を着る。そして、近所の人が建てた家に住む。この小さな経済循環をいくつも作ることで格差は解消される。ガンジーはそう主張したのです。

私が「一人社会実験」と称して実践したことは、ガンジーの教えが単なる理想主義ではなく、日本人奴隷化計画から逃れ、グローバル資本主義崩壊後の社会で生き残る唯一の方法だと思っていましたから、私の経験を通じて、「隣人の原理」を世の中に

ガンジーに学ぶべきことは多い

知らしめたいという野望もありました。それが「トカイナカ」生活でした。

新型コロナウイルスという「100年に一度の危機」により始まった「トカイナカ生活」は手前味噌ですけど大成功に終わったのは、これまで述べてきた通りです。

戦後一貫して食料自給率の低下が叫ばれる食糧安全保障についてもグローバル調達が崩壊し、隣人の原理への流れに一気に転換しないといけない時期が到来しつつあると考えています。

食糧危機が身近に迫っている

私がマイクロ農業にこだわったのには理由があります。まずは自分で年金の範囲内でまかなえる生活を築いて資本の奴隷にならないというのが最優先の課題でした。それに加えて、日本の食料自給率が極めて脆弱なことに以前から危機感を感じていました。日本の食料自給率は現在カロリーベースで38％と言われていますが、タネや肥料や飼料を輸入に頼っているため、実際は10％程度だとされています。

それだけではありません。２０２４年夏のコメの不作による「令和の米騒動」でわかったのは、一度コメ不足になれば、日本人の主食であったはずの白米でさえ、流通網が元に戻るまで数カ月の期間を要してしまうという現実でした。

日本は未来永劫、安定して海外から食料を輸入できるという保証はどこにもありません。世界人口の急速な増加と各地で頻発する異常気象により、いつ食糧不足が起こるかわからない時代です。ウクライナがロシアの侵略に3年も耐えられたのは、穀物の自給率が400％という高さだったからです。ところが、日本はそうなっていません。

今後、有事で食糧輸入が滞った時、日本で何が起こるかと言えば、食料の争奪戦です。現在の日本における食糧安全保障は危機に瀕しています。グローバル調達は世界情勢が緊迫している中では、決して安泰ではないことを今一度、私たちも考える時期に来ています。

また日本は災害列島です。今後、30年以内に南海トラフ地震が起きる可能性は80％程度。都心の直下型地震はいつ起きてもおかしくありません。震災や異常気象などにより、流通網が寸断されれば、あっという間に都心生活は食糧不足の地獄に陥ります。

東日本大震災でも都心では食料の買い占めが起こり、スーパーの棚から食料品が一斉に消えたことも記憶に新しいでしょう。いつまた同じようなことが起こりかねないのが、日本の都会の食糧事情なのです。

終戦直後の日本では、大都市では食糧不足に陥り、生活する人々はタンスから着物を出してリュックに詰めて、近郊にまで出向いて行って、農家の米や野菜と交換して飢えをしのいでいたんです。

世界を見渡せば、もうすでに第三次世界大戦が始まっているという軍事専門家の人もいます。

老いも若きもいつまで都会暮らしでいるつもりなのでしょうか。もはや、ブルシット・ジョブをやっている状況ではありません。真剣に自分がどう生きていくか。決して新NISAは救世主にはならない。戦後に日本人を駆り立てた「成長神話」にすがった人生プランはそろそろ考え直した方がいいのではないでしょうか。

結局、1985年からカウントすると40年間にわたる日本の構造変化の中で、今までみんなが思い描いていたまじめに働いて出世して豊かになっていくというシナリオは、もはや存在しないと私は警告しています。

エピローグ

沖縄という土地は、１９８０年代から私が通ってきた馴染みの島です。温暖な気候はもちろん、沖縄料理もフラリと立ち寄った店でもおいしくて食べすぎてしまうほど。生前整理を終えてからは、たまりにたまったフライトのマイルを使う意味合いもあって、体調が許せば毎月訪れています。


沖縄のどこが好きかと言われれば、一番は人々のあたたかさです。この前もホテルから近くのコンビニに行くだけで何人もの人が話しかけてくる。冗談めかして、

「お前、沖縄のビーチで死ぬんじゃないぞ、迷惑だから」

という人もいます。初対面でも昔からの知り合いのように接してくれるんです。

コンビニに入ったらただでペットボトルのお茶をくれたかと思えば、側道でおばあ

がおにぎりをくれたり……。

一番びっくりしたのはタクシーがすごいスピードでやってきて幅寄せをしてきたことです。私、ビックリして轢かれるかと思ってよけたら、その運転手さんが、

「お前どこに行くんだ。乗っけてってやるよ」

「いや近いからいいです」

「俺、個人タクシーだから、ただでも問題ないから乗れ」

って。そういうおっちゃんとおばちゃんと話しているだけで何となく気分が晴れるというか、仕事で追い詰められている人たちと比べると、ずっと人間的に感じられます。

私は最期の瞬間を沖縄でと決めています。白い砂浜のビーチでタバコに火をつけて、一服したまま倒れて、そのまま息を引き取る――。

先日も沖縄に来た時にリハーサルも兼ねてビーチでタバコを出したものの「禁煙」と書かれた看板を見つけて、泣く泣くその場でタバコをくわえただけで「記念撮影」

をして終わりました。

沖縄という場所はリゾート地なので、リラックスのために訪れていると思われがちですが、私の場合はそうではありません。むしろバリバリ仕事をするためです。書いている途中の書籍原稿を持っていくと、生産性が3倍ほどに上がるんです。さらに生産性が上がるのが往復のフライトの最中で、生産性は5倍ほどに上がります。こればかりは快適な「トカイナカ生活」でも考えられないペースです。

でもなぜか沖縄に来るとパワーがもらえる。そんな気がします。2024年の10月には夜明け前の海で、わずか3メートルほどの距離でしたが、泳ぐこともできた。私がガンになって、死にかけて動けなかったことを考えれば、まさに奇跡です。その場を見渡すと、まだ夜明け前の海で、沖縄のおじいとおばあが泳いでいました（笑）。海で泳ぐことが沖縄の人の健康法なのかもしれません。

でもこのパワーがどこから来ているかはわかりません。沖縄滞在中はホテルから一歩も出ないこともたびたびです。それでも旅の帰途では元気になっている。そんな実感があります。

これは担当医から聞いてわかったのですが、ガンという病気は、ガン細胞と免疫細胞が対峙する天下分け目の合戦なんだそうです。関ヶ原の合戦ではないけれど、免疫の軍勢が弱くなればガンが強くなる。免疫が強まればガンの勢いも止まり、小康状態になるそうです。それほどメンタル面の影響は大きいと言います。

医師によっては少ない人でも3割、多い人では半分が、前向きな気持ちによって免疫力が高まると断言しています。

逆にガンの治療で一番のマイナスは「ダメだ、もうダメだ」という後ろ向きな気持ちです。私は、前向きに本当に楽しいことをしている時が一番幸福です。同時にガンとの闘いにおいても一番の特効薬であると信じています。

ただし、この天下分け目の合戦は勢力バランスがちょっとでも劣勢になると、たちまち生死に直結します。今はまだ元気だけど、3カ月以内に何もないということは私の口からは言えません。

でもだからこそ、もう絶対にブルシット・ジョブはやらない。投資には手を出さない。全部本音を吐いて、非難轟々の中で、前のめりで死んでいくことを私は選択しました。タバコも1日20本以上も吸っています。私の場合、タバコの量と元気の度合いは比例しています。67歳にして、過去最高の不良になっています（笑）。

お金なんかに振り回されないでください。老後になって投機やブルシット・ジョブには手を出さないでください。そうすれば、きっと人生はもっとハッピーになるはずです。

成功を祈ります！

著者・森永卓郎氏は2025年１月28日に永眠されました。
謹んでご冥福をお祈りいたします。

写真／産経新聞社
共同通信社
spo/a.collectionRF／アマナイメージズ／共同通信イメージズ
@NASA/ZUMA Press Wire／共同通信イメージズ
Mary Evans Picture Library／共同通信イメージズ
ロイター＝共同

森永卓郎

もりなが・たくろう

1957年東京都生まれ。経済アナリスト。獨協大学経済学部教授。東京大学経済学部卒業後、日本専売公社（現JT）、経済企画庁、UFJ総合研究所などを経てテレビ・ラジオなどのコメンテーターとしても積極的に発信。常に庶民の目線で数々の経済書を執筆し、03年『年収300万円時代を生き抜く経済学』がベストセラーに。2023年11月、ステージ4のガン告知を受けたものの、以降も精力的に執筆。2025年1月28日逝去。著書に『ザイム真理教』『書いてはいけない』『がん闘病日記』『投資依存症』（いずれも三五館シンシャ）など多数。

日本人「総奴隷化」計画 1985-2029

アナタの財布を狙う「国家の野望」

第1刷　2025年2月28日
第2刷　2025年3月15日

著　　者　森永卓郎
発 行 人　小宮英行
発 行 所　株式会社　徳間書店
〒141-8202　東京都品川区上大崎3−1−1　目黒セントラルスクエア
電話　編集(03)5403-4344　販売(049)293-5521
振替　00140-0-44392
印刷・製本　中央精版印刷株式会社

Printed in Japan
ISBN978-4-19-865994-3